Cyriacus Spangenberg

Die Achte Predigt

Von dem werden Gottes Manne Doctor Martin Luther

Cyriacus Spangenberg

Die Achte Predigt
Von dem werden Gottes Manne Doctor Martin Luther

ISBN/EAN: 9783743429529

Hergestellt in Europa, USA, Kanada, Australien, Japan

Cover: Foto ©ninafisch / pixelio.de

Manufactured and distributed by brebook publishing software
(www.brebook.com)

Cyriacus Spangenberg

Die Achte Predigt

Die Achte Predigt.

Von dem wer-
den Gottes Manne / Doctor
Martin Luther, Das er der fürtreff-
lichst vnd grössest THEOLO-
GVS gewesen / von der
Aposteltzeit her.

M. Cyria. Spangenb.

M. D. LXVI.

Dem Gestrengen vñ Ehrn=
hesten Melchior von Steinberg/
meinem besondern günstigen
Herrn vnd Jun=
ckern.

*

Des Allmechtigen Gottes
gnedige beywonung / veter=
lichen Schutz vnd Segen/
durch Christum Jhesum zu=
uor.

Estrenger vñ Ehrn=
vhester Herr vnd Jun=
cker/Es sind wenig Leu=
te/die da gleuben/ vnd werden sich
hernachmals noch viel weniger
Leute bereden lassen/ das der wer=
de Werckzeug Gottes/ Doctor
Martinus Luther/ seliger vnd
heiliger gedechtnis/ sampt seiner

A ij   Lere

Vorrhede M. Cyria.

Lere vnd Schrifften / jetziger zeit / in aller Welt / so gar geringe / vnd nhumer schier auch gar nichts geachtet wird /. Nicht alleine bey denen / die öffentlich vnser Lere widdersprechen / sondern leider auch bey vielen / die trawen / aller dinge dafür wöllen angesehen vnd gehaltē sein / als weren sie der Augspurgischen Confession / vnd der reinen Lere Lutheri / gar nahe verwandt / vnd zugethan / Welchs doch darnach / wenn es von kegenwertigen Religions streitten zu reden kompt / viel anders / vnd gleich das Widderspiel sich ausweiset.

Das nu solche Leute gleichwol wider ihr gewissen sich des

Lutheri

Spangenberg.

Lutheri vnd seiner Schrifften/
(ihre Jrthumb darunter/ bey den
Einfeltigen/ mit vngrunde zube-
schönen) rhümen/ Vnd auch biß-
weilen (Gott vnd fleissige nach-
forscher wissen/ mit was bestandt
vñ ehren)zeugnis aus seinen Büchern anziehen/ geschiehet/ aus
Gottloser fürgesatzter tollkün-
heit/vnd gantz verstockter vnd vn-
uerschampter boßheit.

Das aber als denn andere
Leute sich betriegen vnd verführen
lassen/ vnd anders nicht meinen/
denn es sey eitel grund vnd war-
heit/ was solche vermeinte/ vnd
falsche Lutheraner fürgeben/ ist
ihres grossen vnfleisses schuld/ in
deine/

deine / das sie den grund der rechten
Lere / vnd waren verstandt der
Religion / nicht aus Gottes wort /
Luthers Catechismo / vnd andern
seinen herrlichen Schrifften gelegt
haben / vnd derhalben auch nicht
eigentlich / was recht oder vnrecht
ist / erkennen noch vnterscheiden
können.

Darzu denn der vnrath auch
kompt / das sich solche Leute dar=
an genügen lassen / das ansehen=
liche / hohe / gelarte / vnd fürtreff=
liche Menner / dieses oder ein an=
ders / mit prechtigen worten für=
gegeben haben / vnd viel jhnen bey=
fallen / Auch darzu sagen / Luthe=
rus habe selber nicht anders ge=
halten noch geleret / Fallen derwe=
gen

gen drauff/ es müsse also sein/er-
kundigen sich nicht/ ob es in des
lieben Lutheri Schrifften/ vnd
ausbündigen/ geistreichen Bü-
chern/ auch also befunden werde/
oder nicht/ Denn wo sie das the-
ten/ würde manchem/ der sich mit
Luthers/vnd der Augspurgischen
Confession namen/behefften wil/
die Laruen abgezogen werden.

Die newen Wercklerer/ von
nöttigkeit derselben/ zu des Menschen Seligkeit. Die Schutzherrn
des freien Willens/ oder vberblie-
ben guten Funckens/ in des Menschen verderbten Natur/ fur seiner
bekerung/ Die vermischer/ oder
viel mehr verkerer/ des Gesetzes
vnd Euangelij/ Ja auch die Sa-
A iiij cramen-

cramentierer selbst/zum theil/scha-
men noch schewen sich nicht/
sich zu sagen/vnd zu schreiben:
therus stimme mit jhrer meinung.
Vngeachtet/das man wol anders
weis/ vnd sie auch wol der
können/das die/so Lutheri Bücher fleissig lesen/ sich dessen
jhnen/lange nicht werden ver-
lassen.

Wenn man dem nu da
zu frieden ist/vnd es dabey ble
lesset/Das sie es nur sagen/
ists wunder / das viele da
betrogen werden? Vnd sol-
re/ die Lutherus auffs euss
versworffen vnd verdammet
für eitel warheit annemen?
darnach nerrischer weise dar
nit

Spangenberg.

mit denen/die aus rechtem Christlichen eyuer widdersprechen/streit-
ten vnd kempffen?

Wenn man aber denselben
Verfelschern reiner Lere/die Epistel S. Pauli zu den Galatern/
mit des lieben Lutheri schöner
Außlegung. Item/das Buch *de
feruo Arbitrio.* Seine alte vñ newe
Bekendtnis vom Sacrament/
wider die Schwermer/ beneben
andern seinen trefflichen schönen
vnd heilsamen Schrifften/für die
Nasen legte/vnd denen ir Traum-
werck/ *Philosophiam/* vnd Men-
schengedichte dakegen hielte / so
würde es sich im grunde/ vnd in
der warheit viel anders/ denn sie
gerhümet

gerhümet vnd fürgegeben / be=
finden / Weil daſſelbige nachfor=
ſchen / vnd erkunden nicht geſchie=
het / ſo mus beyder vnrath erfol=
gen / das ſolche nachleſſige Leute/
vnd wanckende Rhore / Nicht al=
lein ſchendtlich verführet vnd be=
trogen werden / Sondern das ſie
auch in einen ſolchen nerriſchen
wahn gerathen / vnd jhnen *ima=
giniren* müſſen/ als ſey bey ſolchen
verkereten Lerern/der liebe Mann
Gottes / mit ſeinen Schrifften/
nur ſehr hoch/ vnd etwas werder/
denn bey andern geachtet.

Vnd das iſt der Blindtheit
eine/ die Doctor Luther ſelbſt/
mehr denn einmal/ dem ſichern
vnd

Spangenberg.

danckbarn Deudtschland gewesen hat/ wie ich dauon etwas
in der Dritten Predigte/ vom
Propheten Ampt Lutheri/ angezeigt habe/ Aber eben dieses
ist die grosse verachtung des heiligen Lutheri/ dauon ich anfenglich gesagt/ derer doch so
wenig Menschen/ vnangesehen/
das sie teglich für Augen/ war-
nemen.

Wie kündte eine edle Creatur Gotttes/ es sey Brodt/Wein/
Goldt/ Silber/ Schöne/ Ster-
cke/etc. schendlicher verachtet werden? Oder worinnen kündte man
jhre verachtung scheinlicher se-
hen/ denn wenn dieselbige/schendt-
lich vnd bößlich/ jha gantz wid-
derfinnisch

Vorrhede M. Cyria.

derſinniſch zu etwas anders/denn
dazu ſie Gott geſchaffen vnd gege-
ben/mißbrauchen wird?

Heiſſet denn das nicht auch
mit den ſchöné tröſtlichen Schrifften Lutheri/ſchimpfflich vmbgangen? vnd mit ſeinem löblichen namen verechtlich gehandelt? Das
man beide dieſelben ſeine Schrif-
te vnd Namen/zum Schanddeck
brauchet/ vnd vnter denſelben
(doch ohne gründtlichen vnd recht
ſchaffenen beweis)ſolche Lere ver-
theidigen/ Solche vngereimte
reden in die Kirchen einführen/
ſolche vergleichung ſtreittiger Religion machen/ Wil die doch/ Er
der ſelige Luther/ ausdrücklich
aus

Spangenberg.

aus Gottes wort verdampt/ ver=
worffen/ vnd verfluchet / Auch
zum aller trewlichsten die Chri=
stenheit dafür gewarnet hat=

Aber sihe nur zu / wie hoch
der liebe Lutherus weiter bey jnen
gehaltē sey/ Das ist/die eine Ehre
die sie jhme anthun / das er jhren
Kot vnd Vnflat / den sie (vmb
zeitlichs friedes vnd geniesses/vnd
grosser hoher gelarter Leute gunst
willen) aus des Bapsts/ oder der
Schwermer/ oder jhrer eigen ver=
nunfft / sümpffen / geschepfft/ vnd
herfür getragen haben / damit sie
bestehen mögen/schmücken/zieren
vnd decken sol.

Wenn man jhnen aber das
nicht

nicht wil gut sein lassen / So höret man denn fein / ob es ihnen
vmb Lutheri Lere / oder ihre eigene Ehre / zuthun gewesen / Da ge-
hets denn daher / O Doctor Luther ist ein Doctor Hyperbolicus
gewesen / ein Philonicus / ein
Eristicus / hat allein recht habe
wöllen / vnter ihm haben ander
gelahrten / grosse Seruitutem tragen müssen / dazumal ihre meinung nicht offenbaren dürffen /
Meinet ihr denn / das es alles
Recht sey / was Lutherus geschrieben hat? Solte er jetzt leben /
er würde von vielen sachen anders
vrtheilen / Das Buch *de seruo Arbitrio*, hat er *ostentandi ingenij gratia* geschrieben / etc. Es ist kein gewis

Spangenberg.

wis *Corpus Doctrinæ* in seinen Büchern zu finden/ Vnd was dergleichen reden mehr sind/ damit sie be-
zeugen/ wie hoch Lutherus bey
ihnen geachtet sey.

Setzet man ihnen Lutheri
klare wort vnd Text/ wider ihre
newerung vnd Philosophische
theiding/ so sagen sie/ solchs sein
nur *Parerga*/ des Luthers Pa-
ratschlege/ vnd Lufftsprüng/ damit er nur seine Kurtzweile ge-
habt/ Den Leuten die Augen
vnnd Ohren füllen/ vnnd das
Maul auffsperren wöllen/ Wie
denn Doctor Johan Stössel/
alles das/ was wir Maußfel-
dischen Prediger den *Corruptelisten,*

Sacra-

Vorrhede M. Cyria.

Sacramentierern/ vnd andern Schwermern/ in vnser newlich gedruckten Latinischen *Confessio* aus den Latinischen vnd Deudschen *Tomis Lutheri*/ von wort zu wort/ *opponirt*/ vnd dadurch ihre falsche Lere entdeckt vnd verlegt haben/ anders nicht/ denn *Parga Lutheri* nennet/ Vnd ausdrücklichen sagt/ das wir keine *E* *Lutheri*/ sondern eitel *Parerga Lutheri* füren/ Das ist/ er beschüldigt vns/ als solten wir/ nirgends des *Lutheri* eigentliche vnd ernst meinung/ grund vnd sinn/ Sondern allein Affenwerck vnd Spiegelfechten/ aus seinen Büchern gezogen/ vnd in vnser Bekendnis gesetzt haben.

Nu

Spangenberg.

Nu weis Gott / das wir mit
allem fleiß / vnd in warer Gottes
furcht / aus Luthero / eben die
Sprüche / Text / vnd Worte / genommen / vnd trewlich ohn allen
falsch widder die Corruptelen an-
gezogen haben / damit er aus rechtem eyuer / mit grossem ernst / vnd
ex proposito / den falschen Lerern /
eben in den Artickeln / die wir an-
zufechten bewogen worden / hat
widdersprochen / wie alle fromme
hertzen / wenn angezogene Texte
Lutheri / in vnser Confession / in
den *Tomis* selbst lesen / befinden
werden / Das nu der Stössel solche herrliche / hertzliche / ernstliche
Reden vnd Leren / Vermanung /
Warnung / vnd Drewung Lu-
B　　　thert /

theri / lautere *Parerga*, Das ist /
Vnnötige / beygemalte Menlin /
Streuchlin / vnd Vögelin nennet /
die Lutherus etwan für die lange
weile / auffs papier geklicket vnd
gemalet habe / Ist nicht eine geringe verachtung der arbeit vnd fleis-
ses Lutheri.

Solche vnd dergleichen dinge / der sich teglich mehr vnd mehr
zutragen / verursachen mich / den
lieben Mann Gottes / vnd seine
Schrifften (wie ich für dieser zeit
angefangen)für vnd für / als lange mir Gott das leben gönnet / bey
meinen Pfarrkindern vnd Zuhö-
rern / auch sunst andern frommen
Christen / gros zu machen / vnd
menniglich

Spangenberg.

menniglich damit zu reitzen / der
hohen Geistlichen güter / so vns
Gott durch jhn bescheret / dester
mehr vnd eigentlicher warzune-
men / vnd mit danckbarkeit zuge-
brauchen / Dazu ich denn gentzlich
verhoffe / diese Predigte / darinnen
ich aus vieler Leute zeugnis be-
weise / das er der fürtrefflichste
Theologus ist vnter vielen / vnd allen andern hochgelarten / vnd hoch
begnadeten Lerer / so vor / neben /
vnd nach jhm gewesen / nicht wenig dienen sol.

Welche ich denn E. G. als
einem Liebhaber reiner Lere / vnd
verwunderer der hohen Gaben an
Luthero / habe zuschreiben vnd

B ij   dediciren

Vorrhede M. C. S.

dediciren/ vnd vnter derſelben ehr-
lichen Namen / als einem Schutz
wider die Leſterer vnd Verleumb-
der/ in Druck geben wöllen / Des
verhoffens / E. G. werden ſolchs
von mir günſtiglichen / vnd zu
beſten auffnemen/ Der Allmechtige Gott wölle E. G. vnd alle
ehrliebende vom Adel/ ſo der reinen Lere Lutheri beypflichtig/
vnd den vielfaltigen Corruptelen
jetziger zeit / von hertzen zu wider/
in ſolcher Erkendtnis / gründen/
ſtercken/ vnd zur ewigen Seligkeit
erhalten/ Amen/ Geben im Thal
Mansfeldt 1566. den 5. Martij.
E. G.

williger

M. Cyriacus
Spangenberg.

Die Achte Predigt / Von

dem grossen vnd fürnempsten
THEOLOGO Doctore Mar-
tino Luthero / Geschehen im Thal
Manßfeldt 1 5 6 6. den 18.
Februarÿ.

ES zeuget / mein geliebten
Freunde / die tegliche erfa-
rung / Das man mit der zeit /
auch eines eben grossen er-
lidden schadens vergisset / Ob aber
solches auch nutz vnd rath sey / wissen die am besten / so solches selber
versuchet haben. War ist es / in zeit-
lichen vnd vergenglichen dingen / die
man nicht widerbringen kan / ist bes-
sers nicht / denn das man nach ver-
sucheten / gebürlichen / Christlichen
mitteln / vnd verrichtung aufferleg-
tes Ampts / die hand vom hertzen
schlahe / Gott die sache befehle / vnd
vmb das / so man nicht haben kan /
noch sol / auch sich nicht zu tode be-
kümmere / Sondern in solchem falle /

B iij   mit

Eins em
pfange-
nen scha
dens ver
gessen.

Dictum Friderici III.

Verlust Geistlicher gütter.

Lutheri wird vergessen.

mit Keyser Fridrich dem III. sage/ Rerum irrecuperabilium summa fœlicitas obliuio. Aber in verlust Geistlicher Güter vnd Gaben / wil es sich nicht leiden/ein ding also leichtfertig in Wind zu schlagen / Vnd ist gar nicht zu loben noch zu billichen/das man da sagen wolte / O was man nicht haben kan / das mag man als mehr auch vergessen / Wie denn gleichwol solche gedancken vnd reden/bey dem gemeinen hauffen/wen sie etwan einen fürtrefflichen / oder sunst rechtschaffenen Prediger/oder auch wol die Religion selbst /entweder gantz / oder halb verloren haben / aus grosser vnbedacht/ gefallen. Vnd also gehet es jetziger zeit / in sonderheit/mit dem lieben Luther seligen / je mehr jhare nach seinem Gottseligen abschiede verlauffen/je weniger seiner auch bey denen / die sich der Lutherischen Lere viel vnd hoch (aber nicht alle mit warheit) rhümen/

rhůmen / geachtet wird / So wir
doch eines solchen Werckgezeug
Gottes / vnd zu fodderst der Gna=
den / die vns der Allmechtige da= **Schůldi**
durch erzeiget hat / nimmermehr in **ge danck**
barkeit.
ewigkeit vergessen / Sondern in fri=
scher gedechtnis behalten/vnd ohne
vnterlas dafür Gott lob vnd danck
sagen solten.

Nu ist es heut diesen tag zwen= **wie lan**
tzig jahr/das Gott der HERR sei= **ge Luthe**
nen trewen lieben Diener Doctorem **rus todt**
gewesen.
Martinum Lutherum / aus dieser
argen Welt / durch einen sanfften/
seligen / Christlichen abschied / zu
sich in sein ewiges Freudenreich hat
abgefoddert / Aber vnter tausenten
sol man wol kaum zwentzig finden / **NOTA**
die sich mit ernst vmb seine Lere /die
er von Gott empfangen / vnd vns **1.**
auffgelassen hat /bekümmern / oder
doch zum wenigsten / was Gott **2.**
Deutschlandt / durch jhn/ für ein
Liecht gegeben /bedencken / Ich ge=
B iiij schweige/

5. schweige / das sie solten darauff
trachten /wie die heilsame Lere/möchte rein /vnd vnuerfelschet erhalten
werden / oder das sie darüber gerne
4. etwas thun / leiden / vnd zusetzen
wolten.

Schreck Das ist die schreckliche vndanck
liche vn/ barkeit / dauon der heilige Mann in
danck/ seinen Schrifften/ so offt geweissagt
barkeit. vnd geklagt hat/das sie nach seinem
abschied sich im gantzen Deutschland ereugen würde / wie nu mehr /
leider /Gott sey es geklagt/für ohren
vnd augen allzuuiel zu hören / vnd
zu sehen / verhanden / Damit wir
aber nicht auch / in solche thorheit
gerathen / wöllen wir vns jetzt / vorigem brauch nach /vnterlang/ was
wir am Luther für einen Geistlichen
Vater vnd Lerer gehabt / erinnern /
Vnd das Gott selbst hierinnen bey
vns sein/vnd vnsere Hertzen solches
wol zu mercken / vnd auch zu dencken / durch seinen heiligen Geist bewegen

gen wölle/jhn von hertzen anruf=
fen/vnd mit einander beten/das hei=
lige Vater vnser/etc.

Jewol ich mein lieben Freunde/
Von des seligen Luthers Geist=
licher Haushaltung vnd Ritter=
schafft/Auch von seinem Propheten
vnd Apostelampt/so viel bericht ge=
than habe/das numehr ein jeder/
wnar selbst wil/ob er gleich den
Vater nicht gesehen noch gehöret/
Doch wissen solte/was die liebe
Kirche/für einen Mann an jhm ge=
habt/So wil ich doch auff dismal
noch zum vberfluss darthun vnd
weisen/das er vnter allen Lerern/
seid der Apostel zeit/der gröste vnd
fürnempst THEOLOGVS ge=
wesen/Das er wol ein wort mit S.
Paulo reden möchte/welchs wir
ich zum grund dieser vnser erinne=
rung für vns nemen wöllen/vnd
1. Corinth. 15, also
lautet:

(rechte Randnotiz:) Luther der aller gröste Theolo= gus.

Von Gottes Gnaden bin ich
das ich bin / Vnd seine Gnade an
mir / ist nicht vergeblich gewesen
Sondern ich habe viel mehr gear-
beitet denn sie alle / Nicht aber ich /
Sondern Gottes Gnade / die in
mir ist.

Jesen Rhum hat der heili-
ge Apostel Paulus nicht ver-
gebens / noch one sonderliche
grosse vrsache / von sich geschrieben /
Sondern es haben jhn seine Leste-
rer (die Gottes Gnade vnd Werck
in jhme verkleinerten) höchlich dazu
bewogen / Wie denn auch dergleichen / vnserm frommen Luther widerfaren / das jm seine Widersacher /
zum offtermal vrsach gegeben / der
warheit zum besten / sich wider sie zu
rhümen. Wie denn dazumal geschehen / da sie jhm seine heilige arbeit / in verdolmetschung der Bibel /
angefoch-

Vrsach
dieses
Rhumes

angefochten / geschendet / vnd ohne
einigen grundt getaddelt /das er ge=
ſagt/ Wenn man viel von den Papi=
ſten gefragt wůrde / Worumb er Luther=
dieſes ſo / das ander ſunſt / ver= thum.
dendtſcht habe? Solle man jhnen „„
anders nicht antworten / denn alſo:
Luther wil es alſo haben / vnd „„
ſpricht / Er ſey ein Doctor vber alle
Doctores im gantzen Bapſthumb/ „„
da ſol es bey bleiben / Wie er im „„
Sendbrieffe vom Dolmetſchen
ſchreibet/vnd noch darzu ſetzet: Jch „„
frage nach Bapſt Eſeln nichts /Sie
ſind nicht werd /das ſie meine arbeit „„
ſollen erkennen / Vnd ſolt mir im „„
grunde meines hertzen leid ſein / das
ſie mich lobeten /Jhr leſtern iſt mein „„
hôhreſter rhum vnd ehre / Jch wil „„
doch ein Doctor / ja ein ausbůndi=
ger Doctor ſein / Vnd ſie ſollen mir „„
den namen nicht nemen / bis an den „„
Jůngſten tag.Doch ſchreibt er ſol=
ches alles nicht jm ſelbſt /Sondern
der

der Gnade Gottes zu / gleich wie
auch S. Paulus / vnd sagt / Es ist al=
les seiner Gnaden vnd barmherzig=
keit / was ich bin vnd habe / Iha es
ist seines (des HErrn Christi) thew=
ren Bluts / vnd sawren schweisses /
Drumb sols auch (ob Gott wil) al=
les jhm zu ehren dienen / mit freuden
vnd von hertzen.

Wiewol nu Doctor Luther mit
seiner Lere also bestanden ist / vnd
das Werck / so noch für augen / gnug=
sam zeuget / was er für ein Theolo=
gus gewesen / Vnd derwegen seinem
Rhum billich glauben solt gegeben
werden / So wollen wir doch auch
ander Leute zeugnis hören / so zum
theil vor jhm / zum theil bey seinen
zeiten / Auch etliche nach seinem ab=
sterben / gelebt / Vnd wofür er vnd
seine Lere gehalten werden solten /
angezeiget haben.

Nu ist Erstlich das in sonderheit
wol zu mercken / das der heilige Man
Joannes

Theologo D. Mart. Luth.

Joannes Huſs (den die Bepſtiſchē zeugen von Luther/ ehe er geſchriebt.
Anno 1415. für hundert vnd funfftzig jharen /im Concilio zu Coſtnitz
wider Gott vnd gegebenes Geleit /
nur vmb der warheit willen / jemmerlichen verbrandt haben) von des
ſeligen Luthers zukunfft / Vnd das
derſelbige den Antichriſt zu Rom /
beſſer denn er gethan hat /angreiffen Joan nes huſſ
wuͤrde/geweiſſagt/Denn er ſchreibt
in einem Brieue / an ſeine geheimſte
Freunde /vnter andern worten alſo:
O heiliger Gott / wie weit erſtrecket
ſich die gewalt vnd grewligkeit des
Antichriſts / Ich hoffe aber ſeine
macht ſolle ſich auch ab kuͤrtzen / vñ
ſeine ſchalckheit ſolle weiter für dem
gleubigen Volcke entdecket werden.

Vnd als jm die Papiſten ſo hart
mit falſcher Beſchuldigung zuge
ſetzt/ſeine Lere geleſtert vnd verdammet / vnd grewliche dinge gedrewet
haben/hat er zu jhnen geſagt:Nach
hundert jharen / ſolt jhr Gotte vnd
mir

Vom größten vnd fürnempsten

mir hieuon antwort geben/da er freilich im Geist gesehen hat/was Gott
in künfftigen zeiten/widder das An-
prophe-
ceyen Jo-
han huß
sen.
tichristische Bapsthumb/fürnemen
würde/Vnd das er nach solcher ver-
lauffener zeit / einen Lerer würde erwecken / der den hellischen Pforten
des Bapsthumbs mehr abbruchs
thun solte/denn durch jn geschehen.
 Diese des Hussen Prophecey/ist
in dem Luther warhafftig vnd eigentlich erfüllet worden/Denn wie
Erfül-
lung der
prophe-
ceyen.
gehöret / Anno 1415. ist Johann
Huß verbrennet / Da nu hundert
jhar vmb gewesen/ist der Luther er-
standen / vnd hat Anno 1517. zum
ersten mal das Bapsthumb / von
wegen des erdichten vnd Gottlosen
Ablas / angegriffen / vnd hernach
förder also zugesetzt/das sich dasselbige wider seine Lere/nicht hat auff
halten/noch dafür bestehen können.
 Vñ ob wol die gewaltigsten Po-
tentaten/Bapst/Keyser /viel Köni-
ge/Reiche/

ge/ Reiche / vnd vermögliche Ertz-
bischoffe/vnd Bischoffe / auch böse
zornige Fürsten / beneben den Do-
benschulen/vñ allen Ordensleuten /
alle jhr gewalt / macht / kunst / vnd
list/offentlich vñ heimlich/grimmig
vñ listiglich / mit viel mühe vnd arbeit / vnd grossen vnkosten/widder
den einigen Luthern /versuchet /ha-
ben sie jhm doch im geringsten nicht
abbrechen /noch die warheit /durch
jhn widder an tag bracht / hindern
können / Welchs denn Johannes
Dufs auch hette geweissagt.

*Kein ge-
walt
noch list
wid Lut-
them ge-
holffen.*

Deñ weil das Behemische wort
(Dufz)so viel heisset /als ein Gans /
in vnser Sprache(wie auch noch etliche Sachsen / den Wenden etwas
gleich /Chuse oder Guse sagen/vnd
die Bepstischen jhm stets mit dem
feuer gedrewet / hat er es jnen zuuor
gesagt / Sol es auch in einem Brieff / aus dem gefengnis von sich geschrieben haben / Ich mus ewere
                                    Gans

*Hufs/ to
est / Ein
Gans.*

Vom grösten vnd fürnempsten

Gans sein / die jhr braten werdet / Aber es wird nach hundert jharen ein Schwan kömen / der wird euch anders singen / den wer det jhr hören müssen / vnd vngebraten lassen.

Des Schwanes Gesang. Das ist auch also geschehen / den in deme / das sie verhoffen / durch jhren mordt / dieser Gans geschrey zu stillen / Erwecket Gott der HErr / diese versengete Gans widder von den Todten auff / vnd geschicht eine solche verwandelung / das sie in einen schneeweissen Schwan verwandelt wird / Vnd dieweil sie der heischern Gans gesang / zuuor nicht haben wöllen hören / So müssen sie jetzund / es sey jhnen lieb oder leid / ohne alle jren danck / dieses Schwanes helle vnd liebliche stimme / nicht in Behem allein / sondern schier vber die gantze Welt hören singen vnd klingen.

2.
Doctor Keysersberg. Es hat auch Doctor Johann Geiler von Keysersberg / Thumpre-

diger

diger zu Strasburg (welcher et=
wan ein sechs jhar / ehe deñ Luther
angefangen zu schreiben / seliglich
von dieser welt abgeschieden ist) sich
offtmals beklagt / das die Religion
sehr verfelschet vnd verdunckelt we=
r / Es würde aber einer / sonderlich
von Gott darzu erwecket / kommen /
der sie wider reinigen / vnd zu recht
bringen würde / Vnd hat gewünd=
schet / das er es erleben / vnd desselben
Lerers Discipel werden möchte / da=
mit er je anders niemands / denn den
grossen werden Lerer Lutherum
verstanden.

Also hat auch ein frommer vnd
Christlicher Münch zu Isenach /
Herr Johañ Hilten genandt / vom Johann
Luther langst zuuor / ehe er kömen / Hilten.
geweissagt / was er für ein trefflicher
Theologus sein würde / Denn als
derselbige gute fröme Mann / etwan
zu viel / wider etliche misbreuche im
Münchenstande / geredt hatte / vnd

C   sie

sie jhn darüber in ein böse Gefengnis
gelegt/darinnē er hefftig kranck wor
den / Hat er den Pater Gardian zu
jm zu kommen/ bitten lassen/vnd be-
geret / das man seine schwacheit be-
dencke / vnd jm seine Gefengnis lin-
dern wolte. Als jn aber der Gardian
darüber hart angefaren / vñ vbel ge-
scholten/hat er sich entschuldigt/vñ
angezeigt /das es noch geringe ding
were /vnd der rede nicht werdt /was
er an dem Münchestande angefoch-
prophe- ten hette/Es würde aber Anno 1516
cey. einer komen/der würde den Mün-
chen recht auffpaucken/vnd alle jhr
thun gantz vnd gar verwerffen/vnd
den würden sie müssen hören / vnd
nicht widerstehen können.

4.
Eins
Barfüs-
ser mün-
chs pro-
phecey.
Doctor Staupitz so etwan der
Augustiner Oberster gewesen / hat
dem Luthero vnd andern offtmals
gesagt / das er Anno 1511. von vielen
Leuten zu Rom/eine solche Prophecey gehöret hette /. Surget Heremita
sub

Sub Leone, & deuastabit Papatum,
Das ist/Vnter dem Lewen/wird ein
Einsidler auffstehen/vnd das Bap=
stthumb zerstören. Solche Prophe=
cey war anfenglich von einem Bar=
füsser Münche auskommen / vñ hat
es D. Staupitz selbst vom Luther
verstanden / Deñ Luther war seines
Ordens ein Augustiner Münch / de=
rer art / die man Eremitas / die Ein=
sidler hies /vnd fieng an zu schreiben
wider das Bapstthumb / als Leo
der Zehend dasselbige innen hette.

Vnd solcher weissagungen wer=
den ohne zweiffel viel mehr geschehen
sein /für der zeit / ehe Luther noch ei=
nigen Buchstaben geschrieben / da=
durch Gott gleichwol der Welt
hat wollen zuuersiehen geben / was
er jhm für einen trefflichen Theo=
logum am Luther versehen vnd ver=
ordnet hette/vnd welche grosse tha=
ten er durch jhn ausrichten würde.

II.

Syn﹣
chroni

1.
2.

Wir wollen aber nu auch derer
zeugnis hören / die neben vñ mit jm /
zu einer zeit gelebt haben/Vnd Erst﹣
lichen deren /so stets vmb jhn gewe﹣
sen/Darnach derer/so an andern ör﹣
thern / vnd ausser Landes von jhm
zeugnis geben.

Vnter den Einheimischen hat er
gut Zeugnis von seinen Obern/ vnd
auch von seines gleichen gehabt.

1.
Chur﹣
fürst H.
Friderich

Was der durchleuchtige Hoch
geborne Churfürst Hertzog Frid﹣
rich zu Sachsen / von dem Herrn
Doctor Luther gehalten/ist aus sei﹣
ner Churfürstlichen Gnaden schrei﹣
ben / an Caietanum / vnd andere ge﹣
than /wol zuuerstehen / Denn ob er
sich wol seiner nicht viel/ mit worten
hat annemen wöllen / ist doch aus
dem wenigen/so er von sich geschrie﹣
ben vnd geredt / wol ab zunemen/
wie hoch vnd gros der werde Mañ
auch in seinem hertzen geachtet ge﹣
wesen/ wie er denn auch in einem
Brieue

Theologo D. Mart. Luth.
Briue an Hertzog Georgen Anno
1 5 2 0. ſchreibet.

    Ich höre dennoch / das Marti=   "
nus Lere / bey viel gelarten vnd vér=
ſtendigen / für Chriſtlich geachtet   "
vnd gehalten werd. Vnd in einem   "
andern Briue / an Doct. Valentin
Dettleben /ſchreibt er/Des Luthers   "
Lere iſt in vieler hertzen in Dentſch=
landen / allbereit ſo tieff eingewurtz=   "
elt/Das/wo ſie nicht mit recht ſchaf=
fenen vnd beſtendigen Argumenten/
grunden / vnd offentlichen hellen   "
Zeugniſſen der Schrifft /widerlegt/
Sondern allein mit ſchrecken der   "
Kirchen gewalt/jn zu vnterdrucken/
procedirt vnd fort gefahren werden   "
ſolte / würde es nicht alſo hingehen/   "
dafür mans helt / Sondern würde
in Deutſchland ein gros hefftig er=   "
gernis erwecken / vnd ſchreckliche /
grauſame /ſchedliche / vnd verderb=   "
liche Empörung erregen/ etc. Dieſe
Reden zeigen gnungſam an / das der
            C iij   fromme

Vom grösten vnd fürnempsten
fromme Fürste daran kein zweiffel
getragen habe / das Luther als ein
rechtschaffener Theologus seiner
Lere guten vnd gewissen grundt ha=
ben müste.

2.
Hohe
Schule
zu Wit=
tenberg. Es hat jm auch bald im anfang
die Vniuersitet zu Wittenberg ein
gut Zeugnis geben/da sie im Brieue
an Herrn Carll von Miltitz / des
Bapsts Cammerer /jn jr ehrlichstes
vnd edlest Gliedmas nennen/vnd se=
tzen vnter andern diese Wort / Weil
wir viel jabr her / seine geschicklig=
keit / vielfaltige erkandtnis vnd ho=
hen verstandt / in allerley Künsten/
mit vnstrefflichen sitten/vnd Christ=
lichem wandel gezieret / gesehen vnd
erfaren haben / welchs nicht alleine
vns allhie / Sondern in vielen Lan=
den / da Christlicher Glaube beken=
net wird /bekandt ist / Achten wir /
es wölle vns gebüren / eine fürbitte
zu thun / für den frommen Gott=
fürchtigen Vater / welcher es auch
wol

wol verdienet hat/Nennen jhn auch
einen Gottseligen vnd hochgelarten
Man/vnd hengen zu letzt dran/Wir
wissen/das Doct. Martinus/alles
was einem Christlichen Theologen
zu stehet/thun wird/Vñ gar nichts
fürnemen/das jm von einem frömen
vnparteischen Richter m. chte fürge
worffen werde/als hette er vnnötige
verwirrung vnd gezencke gesuchet.

Von denen so sunsten dem Doctor geheim vnd bekandt gewesen/
vnd viel mit jhm vmbgangen sind/
wöllen wir auch einen oder drey hören reden/was sie von jhm gehalten/
Bald im anfang/da er gen Wittenberg komen/hat Doctor Meller-
stat (der dazumal/als die Vniversi-
tet daselbst fundirt/ vnd gestifftet
worden/ Rector gewesen) gesagt/
Habt mir acht auff den Jungen
Münch/ M. Martinum Luther/
Er hat so einen trefflichen scharffsinnigen Verstandt/ dergleichen
C iij　　mir

Einhei mische bekandten.

1. Doctor Mellerstadt.

Vom grösten vnd fürnempsten

,, mir alle mein lebenlang nicht fürko-
men/Es wird gewislich ein fürtreff-
,, licher Mañ aus jhm werden / wie
denn auch geschehen.

Dergleichen haben auch andere /so von Jugendt auff mit jm vmb
gangen/gesagt/als D. Johan Lange zu Erffurdt / vnd Doctor Staupitz / das sie trefflicher Ingenium nicht gesehen noch erfahren hetten.

Ioannes Cellarius, ein auffrichti-
ger Mañ /hat Anno 1520. aus Leip-
tzig/ohne heel/also geschrieben/ Ich
mag es mit warheit sagē/das Martinus die heilig Schrifft trewlicher
handelt /denn vnter seinen Widder-
sachern/alle Welsche/Griechen/vnd
vndeudtsche Debreer /etc. Ich sage
mehr / Martina ist die Euangelische
warheit viel lieber / denn allen seinen
Widdersachern /vnd seine warhaff-
tige Schrifften / die ich noch bisher
gelesen habe / gefallen mir so wol/
das mich kein Bapst/ kein Cardi-
nal/

2.
Doctor
Johann
Lange.

3.
Doctor
Stau-
pitz.

4.
Johan.
Cella-
rius.

nal / auch kein Münch / wie eckel /
der auch jmmer sein kan / dauon abs
wenden sol.

Nicolaus von Amsdorff in der
Vorrhede / des Ersten Jhenischen
Deutschen Theils / der Bücher Lu=
theri / schreibt also / Das weis ich
fürwar / das sind S. Pauli zeit / Lu=
thers gleichen auff Erden nicht kö=
men ist / der die heilige Schrifft mit
solchem ernst / Geist / vnd verstandt /
erkleret vnd auslegt / vnd alle Irr=
thumb / falsche Leren / vnd Ketze=
reien / sonderlich die erste vnd letzte /
auch die ergeste vnd schedlichste Re=
tzerey / so je auff Erden kommen ist /
Das gute Werck zur Seligkeit von
nöthen sind / durch Gottes wort / so
gewaltiglich widerlegt / vnd vmbge=
stossen hat / als eben dieser vnser lie=
ber Doctor Martinus Lutherus /
heiliger gedechtnis. Auch nie keiner
kommen ist / noch kommen wird / der
die Artickel vnsers heiligen Christ=
C v   lichen

„ lichen Glaubens / vnd die beide Sacrament / ſo Chriſtus vnſer lieber
HErr vnd Heiland geſtifftet / ein-
geſetzt / vnd vns zu halten befohlen/
ſo deutlich / herrlich / vnd gewis / vnd
ſonderlich vom Abendmal widder

„ Zwingel vnd ſeinen anhang / gewaltiglich gegründet vnd beweret hat /
als Er. Item / Die Artickel vnſers
Chriſtlichē Glaubens hat kein Doctor / ſind die Chriſtenheit nach der
Apoſtel zeit geſtanden / ſo deutlich

„ aus der Schrifft erkleret / beweiſet /
befeſtigt / vnd gegründet / als Doctor Luther / Darumb auch ſeine
Bücher mit aller welt gut vnd gelt
nicht zubezalen ſind. Vnd bald her-

„ nach / Es iſt ſind der Apoſteln zeit /
Doctor Martin Luthers gleichen /
von Geiſt vnd Glauben / weisheit /
vnd verſtandt der Warheit / in der
Chriſtenheit nicht geweſen / auch
6.   nicht kommen wird.
Eraſ-
mus Al- Doctor Eraſmus Alberus / ein
berus.   ſehr

sehr ernster Eyferer / vber der waren
reinen Religion / schreibet im Buch
wider die verfluchten Carlstader /
vnd alle Sacramentirer vnd Rottengeister /etc. also / Doctor Martinus ist der auserwelte Werckzeug
Gottes / durch welche grosse wunderthaten geschehen / vnd viel hundert tausent Seelē/aus des Bapsts
rachen gerissen / vnd zu Christo gebracht sind. Item daselbst /Doctor
Martinus ist ein feiner Lerer / des
Wort sind nicht Mum /Mum / Lutherus omnia dicit, recte, diserte, cla-
re, proprie. Er redet alles recht schaf-
fen / bescheiden vnd fein / hell vnd
verstendtlich/vnd wie es an jm selbst
ist. Vnd abermal/Wenn ich Doctoris Martini Bücher /wider die Sacramentschender lese/so kan ich mich
nicht gnung verwundern / vber die
grosse gnade /damit er von Gott be-
gabt ist gewesen /Denn auff ein jeg-
lichs Argument der Schwermer/
gibt

„ gibt er nicht alleine eine / sondern
„ zwo / drey / vier / oder fünffe / offt mehr
„ antwort / damit er jhnen alle wege verleuffet / die sie suchen.

„   Vnd abermal / Doctor Marti-
„ nus ist gelerter / denn alle Doctores /
nach der Apostel zeit / Wen ich Do-
„ ctor Martinus Bücher lese / so ist
mir eben / als wenn ich in einem schö-
„ nen Garten spacieren gienge / sehe vñ
„ rüche mancherley köstliche Kreuter /
Blumen vnd Rosen.

7.   Dat doch M. Eisleben selbst
Joan- (so viel / vnd lange / mit dem Doctor
nes Agri- vmbgangen / aber nicht also gar
cola. steiff bey jm gehalten hat) vber das
„ ander Capittel der Epistel S. Pauli
an Titum also geschrieben / Die Le-
„ re von der waren Gerechtigkeit / haben die Bepstler nicht gehabt noch
„ gehalten / Sondern ist aller erst An-
„ no 1517. aus sonderlichen Gnaden
Gottes wider herfür bracht / durch
„ Doctor Martinum Luther / von
welchem

welchem Junge Leute für vnd für
also halten vnd reden sollen / das sie
diesen Spruch nimmermehr aus
dem gedechtnis lassen. Is se sciat in
pietate promouisse, cui libri & scripta
Lutheri valde placebunt, Das ist /
Der mag wissen/das er in der Gott=
seligkeit wol zugenomen habe/deme
des Luthers Bücher vnd Schriff=
ten nur vberaus wol gefallen.

Vnd aus diesen worten / die ge=
wislich war sind / ist wol abzune=
men / wie es vmb die stehen müsse /
die an den Büchern vnd Tomis
Lutheri solchen eckel vnd vberdrus
tragen.

Es hat aber Doctor Luther /
auch ausser Wittenberg / hin vnd
wider/bey verstendigen Leuten/das
zeugnis gehabt / das er der Geist=
reichest/vnd fürtrefflichest Theolo=
gus gewesen / welchs jhm Freunde
vnd Feinde geben müssen / wie wir
auch hören wöllen.

III.
Zeugnis
ehrlicher
Leute
ausser
Landes.

Mit

Luthers
freunde.

Mit seinen Freunden vnd guten
gönnern / die durch den Geist Gottes erleuchtet worden / vnd die warheit erkandt haben / hat es nicht ei-
nerley gelegenheit gehabt /Denn etlich der orthe gewesen / da sie sich
nicht gros schewen dürffen / die
warheit zu bekennen / Etliche aber
haben /wie es jhnen vmbs hertz gewesen / mit grosser gefahr gesagt /
oder von sich geschrieben / Etliche
haben wol gewust / das man jhnen
vmb der warheit willé nichts würde anhaben können / Etliche aber
sich allerley verfolgung vñ beschwe-
rung darob versehen müssen / Es
sind auch wol etliche funden /die im
anfang / als sie aus des Antichrists
Reiche / zum liecht der warheit
bracht worden /Des Luthers gute
Freunde gewesen / vnd warhafftig
zeugnis von jhm gegeben / da doch
hernach / als sie die Hoffart/etwas
newes /vnd sonderlichs anzufahen /
betrogen

betrogen hat / sich vom seligen Luther bewendet / vnd wider jr gewiss-
sen / ander vnd falsches zeugnis wider jhn gegeben / Wir wollen aber
jhrer etlich zeugnis anziehen.

Als Anno 1518. auff dem Reichs
tag zu Augspurg / der Bepstliche
Legat vnd Cardinal Thomas Ca-
ietanus / dem Doctor Staupitz hart
angelegen ist / vnd jn mit guten worten vberreden wölle / Doctorē Martinum zu einem widerspruch zuuer-
mügen / weil er sunst so gar wol mit
jhm dran were / Da hat Doctor
Staupitz geantwortet / Es sey jhm
solchs allerdinge vnmüglich zuthun / Den Doctor Martinus sey jm
in der heiligen Schrifft viel zugelert.

Dieses zeugnis ist nicht geringe
zuachten / Den dazumal D. Staupitz in solchem ansehen gewesen /
das jn menniglichen für einen hohen
gelarten Man geachtet / Vn Lutherus auch selbst / an Caietanum / von
jhm

1.
Doctor
Stau-
pitz.

Autori-
tas Stu-
picii.

,, ihm also schreibet / Dieser Man hat
das ansehen vnd den Glauben bey
,, mir/das ich keinen in der Welt weis/
deme ich lieber vnd gewisser folgen
,, könde/denn jhm.

2. Der berhümete vnd hochgelerte
Vlrich Herr Vlrich von Hutten / schreibt
von Hut-
ten, an Erasmum/ Wenn du bey deinem
gewissen antworten soltest/so mustu
,, mir das zu lassen / das / ob wol Luther nicht der erste ist/der das Baps
,, 1. sthumb angefochten / Das er sich
,, dennoch am gewaltigsten / vñ hefft-
tigsten /wider der Römische Bepste
2. Tyranney hat auffgelegt / Das
,, Euangelion / besser / denn keiner für
5. jhm /wider zu rechte gebracht/Vnd
,, das man auff Menschen Satzung
nicht trawen /noch mehr/deñ sichs
,, gebüret /dauon halten sol /klar dar-
4. gethan / Was hinder der falsch ge-
,, nanten Bischoffe eusserliche schein
5. gestecket /offenbaret / Der Papisten
,, betrug der gantzen Welt kundt ge-
machet/

machet / Bapſts Bullen zu boden
geſtoſſen / Die Bepſtliche Gnaden
verworffen / Vnd gantz Deutſchland vom Ablaß vnd andern dergleichē betriegereyen entledigt/Das
dem allem alſo ſey / Kanſtu nicht
leugnen.

6.
7.
8.
"
"

Dergleichen ſchreibt auch Doctor Otto Brunfelſs wider Eraſmum / Ob du wol (ſagt er) daran
zweiuelſt /was für ein Geiſt den Luther treibe / (wie du vielleicht auch
wol an der Schrifft zweiueln dürffteſt) ſo ſtehē doch wir ſeinenthalben
nicht im zweiuel /ſondern nemen jhn
auff/als einen Propheten vñ Apoſtel
Chriſti /nicht als einen Eraſmiſchen
Dochſprecher / noch der eben bey
Königen vnd Biſchouen in groſſem
anſehen ſey / Sondern als einen ſolchen Lerer / der da redet von den
Geheimniſſen vnd groſſen thaten
Gottes / Vnd haltens dafür /das
ſidder der Apoſteln zeit / wider aus

5.
Otto
Brunfels.
"
"
"
"
"
"
"
"

D   den

Vom gröſten vnd fürnempſten
den alten / noch aus den newen Le-
rern/einer herfür kommen ſey/der die
heilige Schrifft /Gottſeliger/reiner/
vnd trewlicher gehandelt / den eben
er /Doctor Martinus Luther.

4.
Irenicus. Franciſcus Irenicus in Exegeſi
Germaniæ, lib. 2. Cap. 42. in erze-
lung der fürtrefflichſte Theologen /
gibt Doctori Martino die erſte vnd
fürnempſte Stette / Zeucht jn auch
allen andern für / als der billich für
aller Welt den Namen führe /das er
der rechte Theologus ſey vnd heiſſe/
vnd lauten ſeine Wort alſo / Omni-
bus Germanis ante ſignanum Martinum Lutherum VVittebergenſium
ordinariam, publico nomine Theolo-
gorum appellare honoris gratia nolu-
mus, ob egregiam eruditionem à tali
viro aucupatam.

5.
Frobeni-
us. Ioannes Frobenius ein berhümet-
ter Buchdrucker zu Baſel / ſchreib
Anno 1519. an Doctor Luther /vnd
zeigt vnter andern an /Das er ſeiner
Bücher

Bûcher viel nachgedruckt habe / vñ
derer etliche in Franckreich / etliche
in Hispanien verschicket/die von vie=
len gelarten Leutê hoch gelobt wor=
den /Also/ das auch etlich gesagt/sie
hetten lengest gewûndschet vnd be=
geret / das die heilige Schrifft mit
solcher freudigkeit/(als von Doctor
Luther geschehen)vor der zeit/auch
were verkleret vnd ausgelegt wor=
den / Dergleichen reden sind dazu=
mal viel von manchen wolmeinen=
den hertzen gefallen.

Es hat vmb dieselbige zeit / einer   6.
wider des Bapsts Bullen geschrie= Henri
ben / heisset Henricus Phoenicus/ cus phe
der setzt auff den Titel seines Buchs nicus.
diese wort: Luther grûndet sich auff   "
die heilige Schrifft /Propheten /E=   "
uangelisten vnd Aposteln/nach jrem
rechten verstande/ Sein widderpart   "
henget in Menschen meinung /Dar=
vmb wer jn recht verstehet / vnd jm   "
folget/der sey vnuerzagt/er wird ni= "
cht verfüret.   D ij   Vnd

,, Vnd im Büchlin ſchreibt er / Es
,, hat kein Doctor in viel hundert jha‑
,, ren / ſich mit nützlicherm fleis geübet /
die Gewiſſen recht zu richten / vnd
,, ſauber zu machen / als Doctor Lu‑
ther. Item / Er hat alles mit Chriſt‑
,, licher zucht vnd beſcheidenheit ge‑
,, than / hat nie nichts wöllen freuent‑
lich beſchlieſſen. Item / Man ſage
,, was man wölle / Luther hat die
Schrifft für ſich / wer wider jhn iſt /
,, der hat alleine alte gebreuche / des
,, Bapſts Recht vnd willen / welchs
alles in einem ſolchen trefflichê han‑
,, del / nichts gelten ſol / Schrifft ſol
für dringen. Item / Luther hat ge‑
,, than als ein guter Wirt / das kein
Biſchoff than hat / in vier hundert
,, jharen.

7.
Mar‑
ſchalck
Straſ‑
burg.
    Ein guter frommer Mann (wer
er auch geweſen / Er nennet ſich Mar‑
ſchalck Straſburg) hat Anno 1523.
von des Luthers Namen eine ſolche
Auslegung gemachet.

                    Das

Des Namens Luther deutung.

Das [L V T H E R] bedeu-tet

- Lautere Euangeli-sche Lere.
- Oberflüssige Gna-de des H. Geistes.
- Trewlicher Diener Christi.
- Deliam { Enoch } Welche den Antichrist verrathen.
- Rabi / Das er ist

Meister worden wider alle Schrifft schender.

Daran henget derselbige diese Wort / Nu sihe / ob diese Sechs Deutungen / nicht in diesem Luther verstanden werdē? Welcher Lerer in vier hundert jharē / hat die Schrifft so helle an tag geben / das sie der Gemeine Mann auch verstanden hat / wie vnser Luther? Welcher Lerer hat alle seine tage / so viel schreibens / disputirens vñ predigens verbracht / Ja mit so viel Feinden gestritten / vñ die vberwundē? Welchs one sonder liche Gnade des heiligē Geists nicht
D iij   müglich

müglich were gewesen/etc. Letzlich
„ hat er seine sachen für Fürsten vnd
   Herrn redlich verantwortet / vnd
„ mit Schrifften befestigt / wie einem
„ Christlichen Rabi wol gebüret / vnd
   die warheit für der gewalt nicht ge=
„ sparet/auch sich nicht gefürcht/die=
   selbige zu reden / Alle die sich wider
„ den Antichrist haben auffgeworf=
   fen / sind mit gewalt vertilget wor=
„ den / Alleine vnser Luther ist Rabi
   (Meister) wordē mit dem wort Got
„ tes / hat den Antichrist geschlagen /
„ verachtet / vnd gar nahe getödtet.

8.
Vrbanus Doctor Vrbanus Rhegius Lü=
Rhegius. neburgischer Superintendens / ein
   rechter ausbündiger / Christlicher
„ Lerer/schreibet in einem Brieff an ei=
   nen guten Freund /diese wort / Als
„ ich in Sachsen zog / lag ich zu Co=
   burg / einen gantzen tag stille / vnd
„ brachte den mit Luthero dem Mañ
„ Gottes zu / welcher tag in diesem
                              meinem

meinem leben mir der frölichſte vnd „
luſtigſte geweſen / Ein ſolch groſſer
Teologus iſt Lutherus / das die
Welt ſeins gleichen nicht gehabt / „
Deſto mehr / verfluche ich der Carl= „
ſtader torheit vnd ſtoltz / die ſich ſo „
viel vñ gut dûncken laſſen / als kûnd=
ten ſie Luthero verglichen werden / „
welches ſchatten ſie doch mit aller „
jhrer geſchicklligkeit vnd kunſt / die
ſierbûmen / nicht erlangen / Er iſt „
in keinem hertzen jetzt der gröſte /
Dan ich habe jn nun geſehen / vnd „
von hm gehört / das keinem mit jr=
gendt einer Fedder kan geſchrieben. „
werdn.

Lu ſind neben oberzeleten Leu= IIII.
ten / auch etliche andere geweſen / ſo zeugen
mittervnter den Papiſten geſtecket / Luthert
vñ dennoch / was ſie võ Luthero vñ Bapſt=
ſeiner lere gehaltē / nicht verſchwie= thumb.
gen haben / Als vnter andern / Derr
Wentzl Roſdialowin / Probſt zu Wentzel
Praga der ſich vnuerholē vernemen lowin.

D iiij laſſen /

,, laſſen/der Geiſt Chriſti wircke durch
,, Lutherum in der Kirche Gottes/
,, vnd ſchreibt an jhn / Das weis ich
,, gewis/was Johannes Huß vor⸗
,, zeiten geweſen iſt in Behem / Das
,, biſtu Martine jetzt in Sachſen/wo⸗
ran mangelt es denn dir? Sey wa⸗
,, cker vnd getroſt im HERRN/vnd
hüte dich für den Menſchen / werdt
,, darumb jha nicht kleinmütig / das
du höreſt / wie man dich Ketzert⸗ſi
,, bannet /Gedencke was Chriſto vñ
ſeinen Apoſteln widerfaren/ vñ vas
,, heutigs tages noch / alle die leitzn /
,, die Gottſelig leben wöllē in Chriſto.

Vnd ein ander Behemiſcher
Prieſter Joannes Poduſcka ſchreibt
an Lutherum / Lieber Martin/wir
wundern vns nicht ein wenig/ das
,, du alleine/vnter ſo vielen /die ele das
für / als weren ſie der Euangelſchen
,, warheit gar genaw zugethan/wöllē
gehalten ſein / die Lere des HErrn
,, Chriſti vnd der Apoſteln / ſey vnd

oftntlich

2.
Joan⸗
nes Po⸗
duſcka.

offentlich zu predigen / Kein beden-
ckens hat / vngeacht / wie sehr du
darüber verlestert, vnd verfluchet
wirst. Item /Du allein bist in Deutschland erfunden worden / der du
für eins / nhumehr lerest / was man
leren sol/Nemlich des HErrn Christi Gesetz / vnd der lieben alten Veter
reine/vnd mit Menschen gutdüncken
vnbesudelte Theologiam / die leider
setziger zeit mehrer theils in verachtung kommen / vnd denn warnestu
auch die Leute / für dem / was dem
Geist Christi nicht gefellet / noch er
für recht erkennet. Item /Gott hat
dich zum Wechter gesetzt / vber sein
Volck / Was nu demselbigen zu seiner Seligkeit nötig ist / wirstu für
jhnen nicht verbergen/Sondern wie
du jetzt thust / an das liecht bringen /etc. Dieser obgeschriebenen
zweien Christlichen Menner schreiben / findet man im Ersten Jhenischen Latinischen Teil der Bücher
D v Lutheri/

Vom grösten vnd fürnempsten
Lutheri / Folio 387. 388. Anno
1519.

3.
Episcopus
Sambien-
sis.
Anno 1524. Dat Herr George
Bischoff zu Samland/seinem Pfar
herrn / Doctoris Martini Lutheri
Dentsch Bibel / vnd Postill /sampt
andern Büchlin / fleissig zu lesen
aufferlegt vnd befohlen / mit ange-
hengter vertröstung / das sie trefflichen nutz daraus bekommen würden / Damit er je genugsam bezeu-
get / was er von Luthero gehalten.

V.
Zeugnis
der Apo-
staté für
jhrem
Fall.
Gar viel hat man jhr sünden/die
anfenglich gut gewesen / vnd warhafftig zeugnis dem Luther gegeben haben / Vnd sich aber hernach
den Teuffel (Rotten vnd Spaltung
anzurichten) betriegen lassen / Der
Vuldrich Zwingel / ein fürnhemer
Capitäner der Sacramentschwer-
mer schrieb in verklerung seines Acht
1.
Zwin-
gel.
zehenden Artickels wider die Bepstischen / Luther ist so ein trefflicher
streitter Gottes / der da so mit grossem

sem ernst / die Schrifft durchforsch=
et / oder durchgründet / als er in tau=
sent jharen auff Erdē nicht gesin ist /
Vnd mit dem manlichen vnbeweg=
ten gemüte / damit er den Bapst zu
Rom angriffen hat / ist jhm keiner
nie gleich worden / als lange das
Bapsthumb geweret hat. Jtem /
So viel Luthers Dogmata, Lere vn̄
Meinung / vnd Sinn der Schrifft
antrifft / das ist gemeiniglich so wol
besehen / vnd gegründet in Gottes
wort / das nicht müglich ist / das es
eine Creatur vmbkere.

Gleicher gestalt hat auch Do=
ctor Hausschein / sunst Oecolam= Oecolam
padius genandt / den Lutherum in padius.
offenem Druck vber alle alte Lehrer
erhaben. Aber eben dieselbigen sind
darnach zugefahren / vnd sich vnter=
standen / Lutherum (weil er jhnen
jhren Gotteslesterischen jrrthumb
vom Sacrament / nicht wolte gut
sein lassen) bey aller Welt verdechtig
zu machen.   Wie

Vom grösten vnd fürnempsten

Wie man sonderlich am Tho∕
mas Müntzer / vnd am Carllstadt
erfaren / die sich erstlich dem Luther
gar nahe zugethan haben / Vnd da
sie sich darnach dúncken lassen / sie
weren nu viel gelarter als er / Daben
sie jhre eigen ertichte Fantaseien / auff
die bahne bracht / So bald nu Lu∕
therus denselben widersprochen / vñ
die gemeine Christenheit für jhrer
schwermerey gewarnet / Hilff Gott /
wie hat sich da das wetter gewen∕
det. Hette do der heiloß auffrhü∕
risch Geist / im Thomas Müntzer /
schendtlicher / ehrenruriger / Got∕
teslesterische / grewlichere schand∕
namen erdencken können / sie hetten
in die Bittergifftige Schrifft müs∕
sen gesetzt werden / die er Anno 24.
wider Doctor Luthern ausgeben
lieβ / mit einem solchen Tittel / Doch
verursachete Schutzrede vnd Ant∕
wort / wider das Geistlose / Sanfft
lebende Fleisch zu Wittenberg / wel∕
ches / mit

Ges mit verkereter weise / durch
Diebstal der heiligen Schrifft / die
erbermliche Christenheit /also gantz
jammerlichen besuddelt hat / etc. do
man wol am Titel höret /was guts
im gantzen Buche stehen müsse/ do
der Auffrhürische Geist /dem frommen Luther mehr denn ein Schock
schendtlicher Titel gibt / vnd noch
mit viel mehr Lügen vnd Calum-
nien /vnschüldiger weise /beschweret.

Also thet der Schwermer Carl-
stat auch / anfenglich stund er bey
dem Luther /vnd Disputirt wol vn
fein / wider Doctor Ecken zu Leiptzig. Als jhm aber Doctor Luther
seine Bildstürmerey /vn was er mehr
vnrichtigs in seinem abwesen fürge-
nommen hatte / nicht wolte gefallen
lassen / fiel er ab / vnd ward ein Sacramentschender /schalt den Lutherum / den er zuuor zum höchsten gelobt / ein newen Sophistischen Papisten / Ein spitzigen Sophisten /
des

(Marginalien:)
4.
Andre-
as Bor-
stein von
Carl-
stadt.

Lesto-
rung wi-
der Lu-
therum.

Vom grösten vnd fürnempsten
des Antichrists angeborenē freund/
einen Dotzel prediger / einen Bier-
papst / einen Ströern Bapst / einen
Mörder vnd Dencker Christi / vnd
was sie nur mehr für verdriesliche
namen erdencken können / abschew-
lich zu hören.

Straffe
der Le-
sterer. Aber wie Gott diese gesellen vmb
solcher lesterung vnd lügen willen/
die sie / wider jhr gewissen / ausge-
speiet haben / gestraffet hat / mit er-
schrecklichem bösen ende / welchs
man sich aus warhafftigen Disto-
rien/vnd zum theil auch aus frischer
gedechtnis zuberichten/Etliche ma-
chens so gar vnuorschampt nicht/
loben den Lutherum hoch / in allen
andern Artickel / Aber in der Lere
vom Sacrament/mus er nicht alleine geirret / Sondern der gantzen
Christenheit grossen schadē gethan
Christia-
nus Ada-
mus. haben /Wie den sonderlich einer/der
sich Christianum Adamum nennet/
(wer auch derselbige gifftige Bube
ist)

ist) in einem büchlin an Pfaltz/Sach
sen/Hessen/Wirtenberg/vnd Gülich geschrieben/anfenglich den Lu **Anno**
ther hoch lobet/als den Gott son **1557.**
derlich erwecket/durch den die edle
warheit erkleret worden/den man
selbst lieb haben/seinen namen gerne
bey jederman in ehren halten/vnd
seine Bücher gerne lesen solle/Straffet die/so jn verachten/drewet jnen
auch Gottes zorn/vnd sagt selber/
Der Luther ist mir in vielen dingen **NOTA.**
ein lieber werder Meister in Christo
Jhesu/Dieses alles mus vnd wil
ich gern bekennen. Vnd henget aber
darnach diese Wort dran/Aber
warlich in seiner meinung/von der
gegenwertigkeit des Leibs Christi
an allen örthen/vnd vnter dem
Brodt des Abendmals/hat der **NOTA.**
hoch gelarte theure Mann/sich vergriffen/Vnd ist der jetzigen Christenheit mit diesem Jrrthumb nicht wenig schedlich gewesen/etc.

O das

O das dich Gott straffe alles Lü
genmauls/mit alle dem/das du her
nach weiter dem liebe Gottes Man
ne auffdichtest.

Dieses erzele ich darumb / das
man sehe/ wie auch die/so doch mit
dem Luther im Artickel vom Sa
crament nicht einig sind / (Darumb
das sie seine ware meinung mit der
vernunfft nicht fassen können) ben
noch jhm müssen das zeugnis ge
ben / das er ein Theologus vber alle
Theologen sey/Vnd wie gerne wol
ten sie jhn auff jhrer seiten haben /sie
deutten vnd denen seine wort / wol
tens gerne auff jhre meinung ziehen.
Weil aber jhnen solchs aller dinge
vnmüglich ist/denn sie jhnen stracks
zu wider / So schemen sie sich gar
nicht / offentlich zu liegen /Doctor
Luther habe kurtz für seinem Tode/
den tag zuuorn / ehe er von Witten
berg gen Eisleben gezogen / seine
Lere von der wesentlichen gegen
wertigkeit

Falsch/
es fürne
men der
Sacra/
mentirer

Heidel/
bergi/
sche lä o/
lügen.

wertigkeit des waren Leibs vnd
Bluts Christi im Sacrament / wi=
derruffen. Welche grobe offentliche
vngehewre Lügen / die jhm sunst
Niemand hette trewmen lassen /derer
auch von Luthers abschied her / nu
bey zwentzig jharen / sich kein ver=
nünfftiger Mensch hat dürffen ver=
nemen lassen / vnd die sie selbst nicht
(das weis ich) für war halten /ha=
ben jetzt die hochgelarten /vñ gantz
starten Heidelbergischen Theo=
logen / vnd Sacramentschender / in
jhrem Bericht vom Maulbrunnischē
Colloquio/vnuerschampt mit hoch=
trabenden wortē offentlich in druck
gegeben / Des verhoffens /es solle
die Welt solchen jhren vngewasche=
nen lügen /glauben geben/ vnd jhrer
schwermerey zufallen.

Aber wir wissen / Gott lob / an=
ders von vnsers lieben Luthers en=
de / vnd seiner bestendigkeit bis an
das selbige/Ist auch derwegen diese
E   Lügen /

NOTA. Lügen/denselben Heidelbergischen
Theologen/widerumb so tieff in jhr
Lügenmaul hinein gestossen / als
tieff sie die heraus gelogen.

6.
Bucer Jch wil hieher noch setzen/das
us. schöne zeugnis/so Martinus Bucer
(der doch auch auff der Zwinglia-
ner seiten gewesen)dem heiligen Lu-
thero/zum teil in Schrifften /zum teil
mündlich bey guten Ehrenleuten ge
geben /Er hat von jm also gezeuget.

1. Erstlich /so viel aus den Schrifften der liebē Veter zu sehē/so hat von
der Apostelzeit her/niemād den Artickel vō der Gerechtigkeit des Menschen für Gott /also verstendtlich vñ
trewlich verkleret /als Lutherus.

2. Zum Andern / So hat niemand
des Römischen Antichrists Tyranney / ohne alle Menschliche hülffe/
nur in einigem vertrawen auff Chri-
stum/also gewaltig mit Schrifften
vnd allem thun / bis an sein ende
gestürmet/vnd desselben betrug vnd
heucheley / der gantzen Welt / so

wol entdecket / als Lutherus.

Zum Dritten / hat niemand von ꜩ
der warē Busse/von reinem Glaubē
an Christum/ vñ von gutē Wercken/
also eigentlichen nach des Heiligen
Geistes sinn vñ meinung/mit so kreff
tigen durchdringenden Predigten /
vnd so herrlichen Schrifften gele=
ret /als Lutherus.

Zum Vierden / Niemand hat die 4.
heilige Bibel trewlicher/besser/ vnd
lieblicher verdeutschet/als Luther?.

Zum Fünfften/Niemand hat die 5.
Sprüche vnd zeugnis der Schrifft
(weñ er ein Stück derselben auszu=
legen jm für genommen)also artlich/
verstendtlich /schön/lieblich/vnd mit
solchē krefftigē wortē/vñ gewaltigē
Argumenten verkleret/als Luther?.

Zum Sechsstē/Niemād hat nach 6.
der Apostel zeit so viel Kirchen /in so
manchen vnd frembden landen/das
reine Euangelium Christi anzune=
men / in so kurtzer zeit beweget/ als
Lutherus.   E ij   Zum

Zum Siebenden/damit wir Lutherum für ein sonderlich Werck ge-
zeug des heiligen Geistes/vnd für einen Mañ Gottes achten vnd auff-
nemen/Sol vns das bewegen/das/
von der Aposteln zeit her/keines Lerers lere/also vnsinnig vñ vngestüm-
me(dieselbige auszurotten)ist angefochten worden/die doch von allen
Feinden vnvmbgestossen blieben/vñ
den sieg behalten hette / als die Lere
Lutheri/Das ist Buceri vrteil vom
Luthero.

Sunsten schreibt er auch im
Büchlin/De vera Ecclesiarum in do-
ctrina, Ceremonijs, & disciplina, re-
conciliatione, also / Vnter des / weil
Lutherus forn an der spitze gestan-
den / hat Gott der HERR auch
andere mehr erwecket / als mitge-
hülffen /so zum theil die last mit tragen solten/Da sind wir auch mit an
kampff getretten/mit den waffen vñ
wehren / damit vns der Luther ge-
rüstet

...ffet hat / Deñ wir. sollen vns nicht   „
...ennen zubekennen / wie es an jhm   „
...st ist / das wir alle seine Jünger   „
...wesen / vnd durch seine vnterwei=   „
...g vnd anleitung zum Liecht der
...rheit kommen sind.

...Das ist aber sonderlich zu mer=   VI.
...n / das auch vnter des Luthers   Zeugnis
...sten Feinden im Bapsthumb /   der Fein
...s / seiner Lere / gut zeugnis gege=   de Lu=
...worden / ob sie die gleich selbst   thern.
...t haben angenommen / wie es
...zur zeit des Herrn Christi auch
...g / das der Phariseer Jünger zu
...tratten / vnd sprachen / Meister
...r wissen / das du warhafftig bist /
...lerest den weg Gottes recht /
...gleich wol folgeté sie nicht sol=
...Lere / Darumb ist beide solcher
...riseer / vnd auch der Papisten
...bamnis dester grösser.

...Der Bapst hatte bald. im an=   1.
...g / da Lutherus geschrieben / Sie=   Septem
...m aus den gelartesten zu Rom /   Doctores
               E iij   vber   Papistici.

Vom grösten vnd fürnempsten
vber D. Luthers Propositiones ge
setzt / vnd jhnen befohlen /dieselben
fleissig zu Examiniren, Als sie nu das
gethan / vnd sich wol darüber zer
brochen /haben sie endtlich die Ant
wort von sich geben / Es sey war
was D. Martinus geschrieben/aber
es sey ergerlich / Dette man sie ge
fragt/Warumb?Was wolten sie an
ders geantwortet haben / denn das
Luthers Lere / des Bapsts Gei
offenbaret / vñ dem gantzen Bapst
thumb mit der warheit an jrer Ke
chen schaden gethan.

2.
Episcopus
Sedu-
nensis.
Derr Mattheus Schiener /Bi
schoff vnd Cardinal zu Sitten in
Wallis / der doch sunst dem Bapst
sehr zugethan/ vñ wider den Kön
zu Franckreich offtmals in Kriegs
leufften die hand gereichet / Da er
Luthers Schrifften zum ersten mal
gesehen vnd gelesen/hat er gesagt/O
Luther/Luther/du bist fürwar lau
ter /Als jhm einer zugesagt hette/ er
wolt

Theologo D. Mart. Luth.

wolt jm bald gute zeitung bringen /
wie Doctor Ecke zu Leiptzig würde
die Disputation gewonnen / vnd die
newe Lere zu grund verlegt haben /
Dat er geantwortet / Ecke mag dis=
putiren / was er wil / so schreibet
Luther die warheit.

Es sind auff ein zeit die Gelar=
ten Sophisten zu Löuen zu Fraw
Margrethen des Keysers Caroli
Mumen / so dazumal die Niderlan=
de verwaltet / kommen / vnd jhr kleg=
lichen fürgebracht / wie der Luther
die gantze Christenheit mit seinen
Büchern irre machete vnd verwüs=
stete / Da sie nu gefragt / wer der Lu=
ther were? Vnd die Sophisten ge=
antwortet / Es were ein vngelarter
Münch / Dat sie gesprochen / Wo=
lan / so schreibt jr viel gelarten / wider
einen vngelarten / so wird ohne zwei=
uel / die welt mehr gleuben / vielen ge=
larten / deñ einem eintzeln vngelarten /
　　　　　　Z iij　　damit

5.
Fraw
Margre
tha.

Vom grossen vnd fürnempsten
damit sie so viel zuuerstehen gege=
ben / das etwas mehr müste da hin=
den sein / dadurch so viel gelarten so.
bestürtzt gemachet wurden/Es mü=
ste freilich ein gelarter vber sie kom=
men sein.

4.
Erasmus
Rotero=
damus.

Erasmus Roterodamus /, der
doch dem Luther in vielen dingen
(wiewol ohne grund / vnd nur aus
ehrgeitz vnd leichtfertigkeit) wid=
dersprochen /hat offtmals selbst be=
kandt / Das Lutherus in Ausle=
gung der heiligen Schrifft/ weit al=
le andere / beide alt vnd newe Scri=
benten vbertroffen habe/Dat jhme
auch derwegen biszweilen aus Lu=
theri Büchern zu Tische lesen lassen.
Vnd als er von den Bepstischen an=
gereitzt worden / das er wider den
Luther schriebe/ so wolten sie jm ein
gut reich Bisthumb zu wege bringe /
Dat er geantwortet / Luther ist mir
,, viel zu hoch/das ich wider jn schrei=
,, ben solte / Er ist mir darzu zu hoch
zuuerste=

zuuerstehen / Summa Lutherus ist
mir ein solcher Man / das ich mehr
lerne / vnd mehr gebessert werde aus
einem bletlin seiner Schrifften / denn
aus dem gantzen Thoma.

Were Erasmus in dieser meinung NOTA
blieben / das hette jhm zu allem guten gereichen können / Aber der freye
Wille betrog jhn / das er nicht in
Gottes namen widder Lutherum
schrieb / vnd sich selbst in alle schan-
de fürcte.

Also hat Lutherus von Freunden vnd Feinden bey seinem Leben
zeugnis bekommen / das er ein hoch-
begnadter vnd ausbündiger Theologus gewesen / dem kein ander zu-
uergleichen.

Nach seinem abschied haben sich VII.
wol etliche funden / die zuuor seine Zeugnis
besten Freunde haben wollen gewe- von Lu-
sen sein / die jhm nicht viel rhums nach sei-
nachgeschrieben / Aber auch wenig nem ab-
lobs bey waren Christen / vnd recht- schied.

E v   schaffe-

schaffenen nachfolgern Lutheri/ mit
solcher irer vnbestendigkeit erjaget.

Beden-
cken Chr-
istlich/
er hertz/
en

Doch bedencken alle fromme hertzen / was sie Gott dem HERRN
für die vnaussprechliche wolthaten/
so er der gantzen Christenheit durch
Lutherum erzeiget hat / schüldig
sind/ Rhümen in derhalben in allen
seinen Heiligen / vnd also auch in
sonderheit / in diesem seinem Ausser-
welten Werckzeug Luthero.

1.
Johann
Brentzi.

Daher ist sonderlich zu merck-
der schöne Lobspruch / der diesem
Manne / von dem Ehrnwirdigen
Herrn Johann Brentzen / in der
Vorrede seiner Auslegung der Epi-
steln zun Galatern geben wird / Das
an Doctor Johan Dessen Superin-
tendenten zu Bresla also schreibt

Das weis die Christliche Kirche // Das Gott den Ehrwirdigen
Vater / Doctorem Martinum er-
cket / vnd gegeben hat / das er s..
die reine Lere wider herfür bringen/

vnd

vnd dieselbige von dem Vnflat/den
die Bepste / Münche/vnd Sophisten daran geschmieret hatten/reini-
gen/Bekenne derwegen offentlich/
das ich diesen Man halte für Got-
es Werckgezeug / vnd für meinen
Præceptorem / neme seine Lere an/
vnd halte sie für warhafftig.

Ich habe jhn / da er lebte/von
hertzen geliebet/vñ wiewol ich vber
seinem tod bin sehr betrübet wordê/
so günne ich jm doch auch hertzlich
gerne die Seligkeit / die er jetzt hat
bey dem Sohne Gottes/vnd in der
schar aller Gottseligen/Vnd dancke
Gotte dem Vater vnsers HErrn
Jhesu Christi/Das er vns zu diesen
geschwinden zeiten./ einen solchen
Heldt gegeben hat / durch welchen
die rechte Lere / die da mit grossen
Finsternissen vberschüttet vnd vmb-
geben war /widerumb an das liecht
gebracht würde.

Denn

Luther hat allen Stenden gedienet.

Denn auff das ich die warheit sage/
In welchen Standt wir sehen / da
finden wir viel wolthaten / die vns
Gott durch diesen Man gnediglich
erzeiget hat.

1.
Kirche. In der Kirchen / das nu abgeschaffet sein die falsche Gottesdienste / vnd recht ausgelegt wird das
1. Gesetz vnd Euangelium / Das ist die
2. gantze Lere / die vns zu vnser Seelen
heil vnd Seligkeit zu wissen von nö
3. ten ist. Item / das die Sacrament
recht ausgespendet werde/ Der Na
4. me Gottes recht angeruffen wird/
5. Die Psalmen nützlich gesungen wer
,, den / sind alles gaben Gottes / die
vns Gott wider alles wüten vnd to
,, ben der Bepste vnd Münche/durch
,, Luthern erzeiget hat.

2.
Schule. In der Schulen/das nu ausgerottet sein die vnreinen vnd Gottlosen trewme der Sophisten / vnd die
heilige Schrifft lauter vnd reine geleret wird / auff welche wir alle vns

sern

fern fleis legen follen / Das haben
wir Gotte zu dancken / der es vns
durch den dienst Lutheri vnsers Præ
ceptoris angerichtet hat.

Im Welt Regiment/das du mit
gutem gewissen Recht sprichst / vnd
das Schwerdt fürest / das hastu zu
dancken der Lere / welche Lutherus
von weltlicher Oberkeit geschrieben
hat.

Im Hausregiment wirstu mancherley verdries vñ Hertzeleid vber-
kommen/aus dem Ehestand/Acker-
baw/ vñ anderer Hausarbeit /nicht
alleine aus der Handarbeit/sondern
auch aus anderer freyer arbeit/so du
nicht wirst einen bericht haben der
Lere / welche Lutherus der trewe
diener Christi auffs deutlichste an
tag gegeben hat.

Endtlich du sehest gemeine/oder
eigene / vnd sonderliche dinge an /so
findestu vberal wolthaten / damit
vns der Sohn Gottes durch Lutherum

therum begnadet hat / Diese wol
thaten Gottes sollen wir rhümen
vñ preisen/auff das wir bewegt wer
den zur danckbarkeit gegen dem
Son Gottes vnsern Herrn Chri
stum.

Doctor Hieronymus Welle
vber das 17. Capittel Job /schreibt
also / Doctor Martinus Luther i
aus sonderlicher gnade zu diesen

HERR

das er den

Jb

Vnd

Olen tbe
Gottes / mit s

Schrifften dürffen verachten /
mögen vberklügeln vnd
Was ists wunder /das sie
launffen /vñ zu Schwer-

noch nie kein Lerer in der
so gewaltig vnd reich-
ben vnd Aposto-
leret vnd aus-
Martinus /Vnd
Stücke vber-
nander ./ das er
Vergebung der
für Gott
den grewliichen
mit er im Bap-
set vnd verdun-
ihm in die-
wie dem
seinem
posteln
eben
sch aus
Werck
vnd

Pflann
ung rei
rer ler.

Luthe
rus Pau
lo ver-
glichen.

therum begnadet hat / Diese wol=
thaten Gottes sollen wir rhümen
vñ preisen/auff das wir bewegt wer=
den zur danckbarkeit gegen dem
Son Gottes vnsern HErrn Chri=
stum.

D.Hiero=
nymus
VVelle=
rus.

Doctor Hieronymus Weller
vber das 17.Capittel Job /schreibet
also / Doctor Martinus Luther ist
aus sonderlicher gnade zu diesen le=
tzten zeiten von vnserm HERRN
Gott darzu erwecket/das er den An=
tichrist hat offenbaren sollen / vnd
durch seine Lere viel Menschen jhm
aus seinem Rachen reissen / vnd in
das Reich vnsers lieben Herrn Jhe=
su Christi versetzen / dasselbige er=
weittern vnd gros machen/wie denn

Mira=
ckel Lu=
theri.

seine Mirackel vñ wunder /(deren er
nicht weniger als der heilige Apo=
stel Paulus gehabt)gnungsam aus=
weisen vnd bezeugen. Vnd dieweil
nu jhr viel / diesen den edlen thewren
werden Rüstzeug Gottes / mit sei=
nen

nen Schrifften dürffen verachten /
denselben wöllen vberklügeln vnd
meistern / Was ists wunder /das sie
grewlich anlauffen / vñ zu Schwer-
mern werden.

Es hat noch nie kein Lerer in der
Christenheit/ so gewaltig vnd reichlich die Prophetischen vnd Aposto-
lischen Schrifften erkleret vnd ausgelegt /als Doctor Martinus /Vnd
sonderlich in diesem Stücke vber-
trifft er sie alle miteinander. / das er
den Artickel von Vergebung der
Sünden/vñ Gerechtigkeit für Gott
hat gereinigt / von den grewlüchen
verfelschungen/ damit er im Bapsthumb ist beschmeisset vnd verdunckelt gewesen. Vnd ist jhm in diesem Stück gangen / gleich wie dem
Apostel Paulo / der vber keinem
Artickel / mit den falschen Aposteln
so viel zu thun gehabt / als eben
vber diesem / das der Mensch aus
lauter Gnaden/ ohne alle Werck
vnd

Pflantz-
ung rei-
rer lere.

Luthe-
rus Pau-
lo ver-
gleichet.

Vom grösten vnd fürnempsten
vñ verdienst/allein durch den Glau-
,, ben / an vnsern lieben HErrn Jhe-
,, sum Christum gerecht vnd selig
· werden.

Aus
der Arti-
ckels võ
Verge-
bung der
Sünde. Vnd darneben (hat Lutherus)
trewlich vnd fleissig angezeigt / das
dieser Artickel für andern das verdienst des HErrn Christi recht prei-
se / Gottes namen heilige / seine Kir-
,, che ausbreitte / vnd jhm den höch-
,, sten vnd angenemesten dienst leiste /
vnd des wir vns in Summa an vn-
?? serm letzten ende trösten müssen/
wenn wir aus diesem Jammerthal
,, sollen scheiden in das ewige leben.

Ver-
werff-
ung fal-
scher lere. Dargegen aber hat er auch in
Antithesi / mit Schrifften vnd Predigten in Kirchen vñ Schulen / ver-
dampt vnd verworffen / die hoch-
,, schedliche Lere der Papisten / die da
neben dem Glauben auch die wercke
,, der Menschen setzet/ die Gerechtigkeit vnd das ewige leben dadurch
,, zu erlangen.

Dat

Theologo D. Mart. Luth.

Hat auch darneben angezeigt / Früchte d Werck lehre. wie diese Lere sey das Fundament und grundfeste des gantzen Bapst= thumbs / daraus die heilige dienste / das Fegfewr / der Ablaskram / vnd alle andere grewel sind erwachsen / mit vermeldung des grewlichē scha dens /so daraus ferner erfolget /das Gott die hohe Maiestat zum höch= sten dadurch gelestert / der HErr Christus / mit seinem verdienst ver= blendet / vn den Menschen aus jrem hertzen sey gerissen worden / das sie an jhrem letzten ende trostlos gelas= sen/in verzweiffelung vn in abgrund der Hellen sind gefallen.

Vnd hat endtlich gar trewlich Vermanung vn Warnung vnd veterlich gewarnet / das wir je steiff vnd feste vber diesem Artickel wöllen halten / wider alle Schwer= mer vnd Rottengeister / Jha wider alle Teuffel /vnd vnser eigen Hertz / vn vns nicht ein pünctlin oder buch= staben dauon verrücken lassen/Denn

F   (spricht

Vom grösten vnd fürnemisten

(spricht er in der Auslegung / vber
die Epistel an die Galater) Es schei=
net wol / als sey es zumal ein schlecht
vnd geringe ding / vnd vne alle fabr
das man das Gesetze mit dem Euan
gelio / vñ den Glauben mit den wer=
cken vermenget / Aber wenn man s
im grunde / vnd bey dem liecht an=
het / so ists gewis / vnd findet sich al=
so / das solch treiben vnd leren auff
die Werck / als nötig zur Seligkeit
mehr vnd grössern schaden thut
denn keine Menschliche ver
immermehr begreiffen kan / ober v
stehen / Denn es wird nicht allein
das erkendtnis der gnaden dad
verdunckelt / Sondern Christus mit
allê seinen woltbaten wird dad
weg gerissen / vnd das gantze Euan
gelion (wie Paulus sagt) verleug

Was wil nu Doctor Weller mit
diesen vorgebenden worten anders
anzeigen / Denn das Doctor Mar
tinus Lutherus der fürtrefflich

aus=

außbündigste Theologus gewesen /
vnd in allen Stücken sein Ampt / wie
einen rechten Theologo gebüret /
trewlich hat außgerichtet / darinnen
jhm auch billich alle Theologen fol=
gen solten.

Summa / Doctor Luther war
nicht ein schlechter noch gemeiner
Prediger vñ Lerer / Sondern etwas
sonderlichs für allen andern.

Doctor Justus Jonas war len=
ger denn zwentzig jhar mit jm vmb=
gangen / vnd hette sonderliche gute
achtung auff die Gaben gehabt /
damit Gott den Luther für andern
begnadet hatte / Da nu eins mals zu
Northausen / in seiner gegenwertig=
keit / von den dienern des worts das=
selbst gedacht worden / wie Gott in
dieser letzten zeit / so viel feiner treffli=
cher leute gebē hette / des man jm ni=
mermehr verdancken kônte / vñ derer
viel / mit namen genennet worden /
Vñ letzlich einer auch des Doctoris

F ij   Lutheri

D. Justus
Ionas.

Vom grossen vnd fürnempsten
Lutheri / als des fürnempsten Pre-
bigers gedacht / Hat Doctor Jonas darauff gesagt /Ach lieber
tres, wenn man von Predigern redet/
sollē wir Doctorem Martinum Lutherum vnter vns nicht zehlen noch
rechnen / Denn das war viel ein ander Man / Iste vir potuit quod volui

4.
D. Joan-
nes Wi-
gandus.
Ich kan nicht vmbgehen alhie
mit ein zufüren / das herrliche zeugnis / so Doctor Joannes Wigandus / ein rechtschaffener bestan-
Jünger vnd nachfolger Lu-
seinem lieben Vatern vnd Præcepto-
ri gegeben /welchs ich also verse-
schet habe.

War-
umb Lu-
theri bü-
cher für
allen an-
dern fleis-
sig zu le-
sen.
Es sind sehr viel vrsachen /
umb man Doctoris Martini Bücher / lieber vnd mehr denn aller
derer / beide newer vnd alter Lerer/
Schrifften/mit fleis lesen sol.

1.
Grund
Lutheri.
Denn erstlich.hat er seine Le-
nicht geschepfft aus Menschen ge-
düncken /oder gedichten /Son-
aus

aus dem hellen reinen Brunne des
Göttlichen worts/Derwegen stim=
met auch seine hinderlassene Schriff=
ten vnd Bücher mit Gottes wort
durchaus vberein.

Darnach so ist dieser Mann son=
derlich von Gott erwecket / das er
die Himlische Lere/von den Finster=
nissen des Bepstischen/Das ist/des
Antichristischen Reichs / reinigte vn̄
fegete/was nu mehr für Lerer zu sei=
ner zeit gelebt / sind nur seine mitge=
hülffen gewesen /,wie denn Philip=
pus Melanthon offt bezeugt /das er
die Lere Lutheri/ nu in gewisse Re=
geln der andern Künste/ habe fassen
wollen.

Zum Dritten /so ist Doctor Lu=
ther mit etlichen sonderlichen eige=
nen Gaben für andern von Gott be=
gnadet gewesen/damit er das werck/
die Göttliche worheit wider zu rei=
nigen/ vnd fort zu pflantzen / Vnd
dagegen die grewlichen irrthumb/

F iij　so lange

2.
Raini=
gung 3
Lere.

„ so lange zeit in der Kirche / die
hande gehabt / zu entdecken / de
„ besser verrichten könden / D

Fürtreff- nempsten gaben Gottes aber
liche ga- jhm zuerkennen
ben an Ein ausbündiger guter verstand
Luthero des Göttlichen Worts / Ein

1. reicher verstandt von allen G
2. bens Artickeln zu vrteilen / vnd
   recht vnd war / vom falschen zu

3. terscheiden / Große erfarun
4. Sprachen / Eine feine leich
5. verstendt zu leren / Eine g
6. ne ausrede / Eine lustige
7. mende weise zu schreiben / E
   vnd ernster mut in warem Gla
   „ freidiger Bekendtnis vn reche
   „ fenem Eyuer) nach verstand
   Paulus nennet /etc. Vnd dah
   „ ret man auch /solcher Gottes g
   mehr in dieses Mannes / denn
   „ andern Schrifften

4. Zum Vierden / Handelt er
   se vnd

e vnd schwere sachen / Nicht allein
rücklich vnd herrlich / sondern auch
nützlich / vnd mit gutem grunde / er=
 . . . eigentlich / Vnd wo etwas
danckel ist / machet er es sonderlich
fein klar vnd verstendtlich / Daher
denn der / recht gesagt hat / der ge=
sprochen / Es würde auff eim blat
Lutheri mehr gehandelt / köndte
auch mehr darauss gelernet werden /
Denn aus vielen blettern in der Deter
 . . . ber. . . .

Zum Fünfften / ist in Luther
Büchern ein sonderlicher Geist /
krafft / vnd nachdruck zu spüren /
Also / das wer darinnen fleissig lie=
set / gleich heimlicher weise entzündt
vnd bewegt wird / Denn alles was
der Man fürgibt / das lebt / vnd ist
schefftig / Ist nicht todt / vntüchtig /
kalt ding / Machet auch den / der es
liset / nicht verdrossen noch vnlus=
tig / sondern lesset sich mit lust vnd
nutz lesen.

Herrlig=
keit vnd
Reich=
thumb
in Luthe
ri schrif=
ten.

5.
Nach=
druck d
Schriff=
ten Lu=
theri.

Zum Sechsten / Luther.. ste-
cket nichts vnter die Banck / ..
nicht hinder dem Berge / ..

*6.
Beständig-
keit
vnglaich
stim-
mung
der Lere
Luthers.*

nicht von einer seitten zur andern..
nicht ein vnbestendig rohr / ..ret
Leute nicht vmb / mit zweiffelhaf-
tigen oder verwickelten reden /
» nicht ein Menschen Knecht / beu..
vñ lencket nicht die Lere nach gro..
ser Herrn wolgefallen / sondern..
» alles ansehen der Personen / es ..
Kleinhans oder Groshans /
» achtet / einiges Menschen gnade..
vngefürchtet jhres zorns / red..
» vom Handel / mit verstendtli..
worten / wie es an jm selbst ist /..
» ist / Er bekennet die warheit frey..
fentlich für jederman / mit einfalti..
» eigentlichen / vñ deutlichen worte..
da andere mit jhrer weitleufftigkeit
NOTA. vnd zwickdornischen reden / die warheit gemeiniglich verdunckeln /
» allerley jrrthumb mit einfüren /
am hellen tage ist.

Zum

Theologo D. Mart Luth.

Zum Siebenden hat er nicht alleine, in seinem, grossen / vnd kleinen
Catechismo / die Heuptstücke der
Christlichen Lere / fein ordentlich
gefasset / Sondern es ist auch nicht
so gar schwer / in allen andern seinen
Büchern / einen vollkommenen / gewissen / vnd klaren Methodum oder
ordentliche feine ausgeteilete erkle-
rung / aller Glaubens Artickel / zu
finden vnd zu mercken. Jha es hat
auch Man Lutherus die fürnempsten Stücke der Religion / in seinen
hinderlassen Schrifften / besser denn
kein ander / verkleret / Als sonderlich
diese Stücke / Vom freyen Willen /
Vom Gesetz vnd Euangelio / vnd jr
beider vnterscheid / Von der Gerecht
fertigung / Von guten Wercken / Von
der Busse / Vom Gebet / Vom A-
bendmal des HErrn / Von der Kirchen / Von der Oberkeit / Vom Ehe-
stande / etc. Vnd do auch der mehr-
erteil der andern Scribenten / nicht

seiner

Richtig-
keit in
Luthers
büchern.

""

""

Artickel
von Lu-
thero er-
kleret.

seiner fürgethanen arbeit geb.......
et hetten / würden ... ihr ....
wol haben müssen anstehen ...

Nisi uitio Luthe-ri arres-sem, &c.

Zum Achten / So ....
sonderheit durch dieses ....
Schrifften / den Antichr... / ...
aller deutlichst / der gantz.....
offenbaren wöllen / nach der ......
gen Schrifft weissagung / Vnd .....
ber findet man auch .. Luther....
Büchern / den Römische ....
mit seinen rechten farben / ....
denn in aller alten Veter / ...
der newen Scribenten / ....
abgemalet. ....

6. Offenba-rung des Anti-christs.

Doch lassen wir / in ....
cken allen / der heiligen Schrift...
der in allen Stücken zu folge...
auch am höhesten vnd ....
zu achten / den fürzug / welch.....
Lutherus / als der Leuchte....
tes / allezeit gefolget hat / Das ...
ich darumb / damit nicht ....
sagen möchte / wir wolten ....

Schrifften

Schrifften vber die Bibel erheben.
Vñ ist dieses orts auch des Gött= **Bapst**
lichen wunderwercks zugedencken / **im Berg**
das bey Lutheri leben /in der Graff= **werg**
schafft Mansßfeldt / in einem tieffen **funden.**
Schacht / daraus man Schiffern
langet / des Römischen Bapsts bild "
nis /auff einem Schiffer von Kupf=
fer / gar artlich angeflogen / funden "
ist / welchs viel glaubhafftiger Leu=
te gesehen haben / als Lutherus
selbst /vnd sein Bruder Jacob Lu= "
ther /Desgleichen Philippus Glue=
spies /Philippus Melanthon / Do=
ctor Jonas /Doctor Creutzinger / "
Hertzog Johan Fridrich Chur=
fürst /Doctor Basilius Monner /rc.
Mit diesem wunderzeichen hat Gott/ "
ohn allen zweivel /der gantzen Welt
wöllen bezeugen / das der Römische
Antichrist aus der tieffen Finsternis / "
darinnen er sich für aller Welt ver=
borgen hette /nunmehr ans Liecht
bracht were.

Zum

Zum Neunden / Als Lutherus
das Bapsthumb einmal erkandt /
vn mit seiner falschen Lere verwor-
fen hat / Ist er hernach bestendig vn
vnbeweglich/bey der waren vnd reinen Lere geblieben / bis an sein ende /
ist in derselben Lere nicht wider an-
„ ders sinnes worden / Dat nicht vergleichung mit dem Antichrist gesuchet /wie etliche andere wanckelmü-
tige Leute gethan haben/die derhalben nicht vnbillich/durch offentli-
NOTA. Schrifften beschuldigt werden/ das
sie nicht allein in Lutheri / sondern
auch in jrer eigen vorigen Lere/ nicht
bestendig geblieben/sondern hin vnd
widder gewancket.

10.
Zeugnis
der Lere
Lutheri.
Zum Zehenden / Dat Lutheri
Lere viel Göttlicher zeugnis/welche
auch seine Feinde haben wider jren
willen / müssen bekennen / vnd selbs
„ sagen / Es sey vnmüglich / Lutheri
Lere aus Gottes wort zuuerlegen/
Ob sich wol auch seine Feinde / mit

hefftigem

...gem drewen / vnd lifitgen Pra-
...en dawidder gelegt /hat sie doch
...fortgang gewaltiglich gehabt /
...ho hat von tag zu tag zugenom-
...n.

Vnd ist ein grosse sach / das diese **Grosse**
...Person (wie deñ der Doctor **Werck**
...anfang gar allein gewesen) nicht **Gottes.**
...önnen noch sollen vom Bapst /   **1.**
...dem gantz Römischen Reich /
...bert / noch vnterdrücket wer-
...Item / das die betrübten / vnd   **2.**
...nde halben / erschrockene ge-
...ten / aus Luthers Lere (welche
...hafftig vnd eigentlich Christi
...e ist) rechten bestendigen trost vñ
...nde bekommen / welchs sie aus
...Bepstischen / verwickelten Busz-
...ey nimmermehr hetten erlangen
...ögen. Grosse hohe dinge sinds /   **3.**
...das durch Luthers Lere / die Gö-
...gefallen sind /mit alle den Weid-
...chen /falschen Gottsdiensten /da-
...it man die Heiligen vnd Bilder
                          verehret /

Vom grossen vnd für nempsten

vererhret / Desgleichen die sch⬛⬛⬛
lichen Messen / darinnen der Sohn
Gottes von newen gecreutziget ⬛⬛
den.

Item / Das dadurch auch ⬛⬛
störet sind / der Münche / Pf⬛⬛⬛ /
vnd anderer Baaliten / ⬛⬛⬛⬛
Raubstüle / Sodomitische sün⬛⬛ /
vnd Lesterung / Vnd dategen ⬛⬛
Oberkeit vnd Ehestand / wider⬛⬛
jhr gebürliche ehre bekommen ⬛⬛⬛

In Summa / des Antich⬛
Reich / ist also zerschmettert /⬛
vielen orthen dermassen zer⬛⬛
das der Römische Bapst / nim⬛
mehr zu dem ansehen vnd ⬛⬛⬛
walt wider komen wird / er ⬛
che / dichte / vnd thue gleich ⬛⬛
er wölle / Dann diese des Luth⬛⬛
Prophecey ist war / vnd wird ⬛⬛
wol war bleiben:

Prophetia *Pestis eram viuus, moriens mors tua*
Lutheri. *papa.*

Da ich

Da ich noch lebt/ war ich Bapst dir
Ein Pestilentz/ das klagstu mir/
Wan aber ich entschlaffen fein/
Wil ich der bitter todt dir sein.

Dieses sind fürwar recht grosse wunderzeichen Got-
tes/ damit er dieses Mannes Schrifften hat bestettigen vnd zie-
ren wöllen.

Zum Eilfften/ sol man Luthers Bücher darumb viel lieber/ denn al-
le andere lesen/ Denn sie dienen beide benen/ so erst anfahen/ vnd auch den andern/ so nu in der Lere zunemen wöllen/ Der Jugendt kan man beide Catechismos fürlegen/ Den Al-
ten die herrlichen Auslegungen der Biblischen Bücher.

Luthers Schrifften dienen allen Lerern in Schulen/ in Vni-
versiteten/ in der Kirchen/ jha auch den Hausvetern vnd Hausmüt-
tern/ Den Regenten/ Richtern/ etc.

Sie

Sie sind nütze beide Albertvnd
Scharffsinnigen / Sie bringen den
rechtē verstandt von Religions sachē
ten zu vrtheilen / vnd zu erkennen
was man annemē oder fliehen soll.

12.
Viel weissagungen in Luthe ri Bäch ern.

Zum Zwölfften / Findet
Lutheri Büchern viel
propheceyen/ von zukünfftiger
vnd dem vnglück so noch verhan
den / welchs warlich nützlich zu
wissen / damit man vnsern HErn
Gott dester ernster vmb lind
der verdienten straffen anruffe.
also dieselbigē/sampt den vrsach
damit sie verdienet/vermidden
den / Vnd das wir auch alle
nander/ dester fleissiger vns be
hen/die Himlische beylage zube
ren vnd zu erhalten.

13.
Lutheri Schrifftē zu den sprachen dienst lich.

Zum Dreyzehenden / Können
wir Deutschen aus Lutheri Büch
ern / auch die rechte reine
Muttersprache lernen / Vnd mö
wir eben das / so Cicero von der la
tinischen

...Sprache geredt / von vn= "
...Deutschen Sprache auch sagen/
...s / die Lutheri Bücher mit fleis "
...vollkommener / vnd art= "
...Deutsche Sprache reden
...Die der Hebraischen spra= "
...dig sind / vnd zwar alle Ge=
...werden in Luthero finden/
...Phrases/vnd sonderliche art der Phrases
...rifft zu reden / gar hübsch vnd explicate
...endtlich verkleret / darneben die
...weise vnd form / die heilige "
...rifft / mit nutz vnd frucht aus=
...gen. Die Prediger finden darin=
...nicht alleine ein Muster / wie ei= "
...Predigte anzustellen sey / Son=
...auch alles was man predigen
...jhnen gleich fürgelewet. Diese "
...dergleichen vrsachen sollen vns
...egen / das wir Lutheri Bücher "
...fleis vnd offt lesen / vnd seine Le=
...vnuerfelschet auff vnsere nachkom "
...bringen helffen / Auch Gott "
B   dem

Vom größten vnd fürnempſten

,,
dem HErrn für ſolche groſſe Gaben hertzlichen danck ſagen / D.
,,
D. Wigandus.

Alſo ſchreibt dergleichen M. Timotheus Kirchner / in der Vorrede
für dem Corpore Doctrinæ / ena
Lutheri Büchern zuſammen gezogen / Als der Allmechtige gütige
Gott / ſeiner lieben Kirchen / in ihrem
alter / einen ausbündigen / trefflich
,,
Lerer geben wolte / Desgleichen
von der Apoſtel zeit her nicht
habt noch geſehen / Dat er Doctorem Lutherum / mit einem wunder-
,,
baren / vnd gar Göttlichen erkent-
nis vnd verſtandt der Artickel der
Chriſtlichen Lere / gerüſtet / Da
nach mit einer vberaus tröſtlichen
,,
Gabe / ſolchs / lieblich vnd hold-
ſelig auszuſprechen / gezieret / Das
nicht alleine / das / was er durch des
heiligen Geiſts erleuchtung / bey ſich
,,
ſelbſt gewis gefaſſet / artlich vnd
reichlich

M. Ti-
motheus
Kirch-
ner.

reichlich von sich geben kundte/son-
dern dazu auch solche eigentliche/
verstendtliche / Maiestetische wort /
vñ Sprüche gebrauchete / das alle
seine wort schier ./ als were ein jedes
ein zeugnis der Schrifft / anzusehen
weren.

Daher es denn kompt /das der/
so Luthers Schrifften / mit ernst
vñ fleis lieset / vnd auff das / so er
handelt / eigentlich achtung gibt /
nicht vermag zueilen / noch kurtz
vber hin zu lauffen / Sondern wird
sich mit gewalt den dingen / mit
nachzudencken / auffgehalten/
vnd was ist not / von deme / das
am hellen tage ist / viel wort zu ma-
chen/ Ist jemals ein hoher vnd für-
trefflicher Theologus gewesen? hat
jemand/das/was er verstanden vnd
recht erkandt / andern also für-
sagen können /das sie es ohne wid-
derrede auch annemen müssen? Ist

jemals

Vom groſſen vnd fürnempſten
jemals ein lieblicher / vnd ein ſolcher
ernſter Lerer geweſen / der kein ver=
gebenes wort geredt? Ja iſt jrgend
,, einer nur durchaus wol beredt ge=
weſen / ſo iſt es warlich vnſer lieber
Luther geweſen / Er hat es fürwar
allen weit zuuor gethan / das jhm
,, keiner nicht vor zu ziehen.

Item / Sind das nicht wun
vbergroſſe Wolthaten / (die
Gott durch den Herrn Doctor
,, ther hat widerfaren laſſen) Da
vns wider alle verſuchung vnd
fechtung / ſo nur erdacht wer
können / dadurch die Chriſten (d
,, nach Gottes gutem vnd nützlich
rath) vberfallen vnd bedrenget
den mögen / gewiſſe / krefftige A
ney / aus der heiligen Schrifft /
,, geweiſet / damit nicht allein gert
ſchaden / Sondern auch groſſe w
den des gewiſſens können geh
,, werden?

Item /

Theologo D. Mart. Luth.

Item / das er vielen betrübten / vnd von wegen der verzweiffelung gantz jrregemachten / oder anderer gefehrlichen anligen halben / gar bestürtzeten Gewissen / mit zeittigem guten rath/krefftigen trost gegeben? Das er auch waren vnterscheid zwischen rechtem Gottesdienst / vnd Menschlichen satzungen angezeiget/ Das er sich in den schweren Religions streitten / vnd Rathschlegen / allezeit weislich vnd Gottseliglich gehalten /vnd andern/in standhafftigkeit / in trewe / in vnerschrockener bekendtnis der warheit / in warer anruffung/vnd tapfferem ernst/wol für gegangen / vnd gut Exempel geben.

Item/das alsbald er sein Ampt angefangen / die vermeinten erscheinung der Geister vnd Seelen / dadurch zuuor gros Abgötterey verursacht / vnd viel Seelen zur Helle

B ij   gefüret

geführet worden/haben auffgehöret/
vnd ein ende genommen / Vnd das
er auch die Deutsche Sprache nicht allein sehr herfür gezogen vnd
vermehret / Sondern auch / das er
der beste Deutscher were/den rhum
erlanget / vnd in Deudtsche Sprache gebracht hat/ das man schwer-
lich in Deutsche Sprache zu bringen vermeinet hette/Wie grosse vnd
herrliche Wercke vnd Wolthaten
Gottes dieses alles sind / ist leichter
in Gedancken zubetrachten / denn
mit worten auszureden / Dtc.
Timotheus.

6.
Petrus
Paulus
Verge-
rius.

    Als für wenig jhären Petrus
Paulus Vergerius durch Eisleben
gezogen / hat er diese Vers gemachet:

Felix Islebium Lutheroalumno,
  Cuius gloria maior est eorum
(Ausim dicere)qui ante nos fuerunt
  Annis millenis atq̃ bis ducentis.
                Summa/

Summa / es ist mit Luthero ge= **7.**
han gewesen /wie Alberus im buch **Alberus**
über die Rottengeister schreibt / da
sagt / Es war ein feiner wolbered= **Luthers**
/freundtlicher / holdseliger/ernst= **tugendt.**
hafftiger / warhafftiger / behertzig=
er / züchtiger / kostfreier / fröli=
cher Mann/ Dem alles wol an=
 stund / was er thet / kundt in allen
dingen messigkeit halten / redet kein
vergeblich wort /Den hallstarrigen
war er schrecklich /den blöden tröst=
lich:

Wenn er gefragt ward vmb rech=
ter verstandt eines Worts oder
spruchs /in der heiligen Schrifft /
so bald war er mit der Antwort
feilg / Wenn er vmb Rath gebeten
ward / von stund gab er so guten
rath / als hette er sich eine lange zeit
darauff bedacht / vnd war so wol
gerathen/das man leichtlich spüren
kundte / der heilige Geist were da

Vom grösten vnd fürnempsten
Meister vnd Rathgeber gewesen.

Er war nicht störrig / fuhr niemand mürrisch an/gab freundtliche Antwort/vnd guten bericht / War kein spötter /sondern hatte mitleid mit der einfeltigen thorheit vnd vnuerstandt /halff gerne/gab gern Achtete gerne / dienete jederman gerne/ beide mit rath vnd that / worten vnd wercken/ Aus seinem gespreche vber Tische /lernete man so viel / als aus einer Predigte.

Er war ein Mann / der Gottes zorn auffhalten kunte/ Keiner kunt fleissiger vnd ernsthaffter beten / vnd Gott anruffen / keiner kundt besser trösten / keiner kundte besser pregen / Wenn ein böse geschrey kam dafür sich jederman entsetzete / vnd vns die Papisten vberziehen wolten/ so furchte er sich nicht / vnd sein hertze hoffete vnuerzagt auff den HERRN.

Er

Er war ein Mann ohne falsch /
Lügenern vnd zweyzüngigen war
er gram/auffrichtigkeit hatte er lieb/
den Geitz hasset er / der hoffart war
er feind / Trunckenheit vnd vnzucht
war jhm vnbekandt / Man spürete
an jhm keinen zorn /ohne wenn er zu
Felde lag gegen den Papisten vnd
Schwermern/da sahe man des hei=
ligen Geists / vnd nicht eines Men=
schen zorn / Ein fein klar vnd tapffer
Gesichte vnd Falcken augen hatte
er / vnd war von Gliedmassen ein
schöne Person / etc.

In Summa / da vnser HERR
Gott den Römischen widderchrist
angreiffen / vnd stürtzen / vnd das
ware herrliche Liecht seines Euan=
gelij / der Welt offenbaren wolte/
Da erwelet er jhm einen Mann nach
seinem hertzen / vnd gab jhm zu sol=
chem grossen werck (dergleichē nach
der Aposteln zeit auff Erden nicht
gesche=

Vom grösten vnd fürnempsten
geschehen) alle diese schöne Gaben.
Deus elegit sibi talem virum, tot bo-
nis donis exornatum.

In einem buch Doctoris Martini Lutheri findet man mehr Kunst
vnd guter Lere/denn in allen Büchern / die nach der Aposteln zeit geschrieben vnd fürhanden sind /etc:
Was die Schwermer schreiben /ist
eyß vnd todt ding / Was Doctor
Martinus schreibet/ist leben vnd eit-
tel Himmelfreude / Ein jeglicher
Theologus solt teglich neben der
Bibel D.Martini Tomos lesen/vnd
sehen die grosse wunderthaten / die
Gott durch jhn zu vnsern zeiten/vnd
an der Welt ende gethan hat /etc.

Item / D. Martinus hat den
Priestern den Ehestandt widder gegeben / Doctor Martinus hat der
Christenheit das gantze Sacrament
sampt seinen Früchten vnd rechten
verstandt wider zugestellet/Was die
Tauffe

Tauffe sey /haben wir von D. Mar
tino gelernet /Doctor Martinus hat
die Weltliche Oberkeit/Ehestandt/
vnd alle Stende widerumb zu ehren
bracht /Das nun Könige /Fürsten /
Amptleute /Menner/Frawen/ Kin
der / Knechte vnd Megde wissen /
wie jr standt Gottes werck vnd ord
nung sey / vnd wie sie jhm darinnen
dienen / vnd seliglich leben können/
vnd sollen.

Gott hat vns durch D. Mar
tinum die Schrifft geöffnet / das
jetzt vnsere Kinder die Psalmen mit
verstande lesen vnd beten können/vñ
weñ sie sterben sollen / Christum sein
bekennen /anruffen vnd loben /Des
wissen wir nach Gott niemand/ deñ
Doct. Martino zu dancken.

Darumb alle die D. Martinum NOTA.
hassen / die sind feind jhrer eigen /vñ
jhrer Kinder Seelen seligkeit / Von
Doctor Martino haben wir ge
lernet

lernet das Euangelion predigen/ für
jhm waren eitel Lumpenprediger/
trewmer/ vnd lose Dümpeler/ Ehe
denn Doctor Martinus kam/ nam
sich der heiligen Schrifft niemand
an/ O wie ein schön vnd herrlich
Liecht ist vns auffgangen/ welche
vns der Sathan durch seine Rotten
gern ausblasen wolte. Dæc Alberus.

Das wir nu den heiligen Luthe-
rum/ wie gehöret/ also weit allen andern Theologē fürziehen/ geschicht
nicht der meinung/ das wir darumd
dieselben andern keinen Leute/ sonderlich so des Luthers trewe und
hülffen gewesen/ hiedurch vergrin-
nern/ vnd bey jemands verachten
chen wolten/ Sondern wir lassen
dieselben in jhren wirden bleiben/
erkennen an jhnen Gottes hohe vnd
werde Gaben/ dancken auch Gott
dem DERRN/ für das gute/ so
durch

durch sie ausgerichtet hat. Aber da
mit man des nicht vergesse / das Lutherus der Mann gewesen / von dem
andern alle / was sie gewust vnd
kundt haben / lernen / Vnd wen sie
die warheit sagen wollen / jhn für
jhren Præceptorem vnd Lehrmei-
ster erkennen müssen / habe ich / wie
er an jm selbst ist / dauon reden / vnd
mit gelerter Leute zeugnis beweisen
wollen / das Doctor Martinus Luther der grössest vnd fürtrefflichste
Theologus gewesen.

Die Alten gaben dem Gregorio
Nazianzeno den namen / das sie jhn
den Theologum hiessen / von wegen
der geistreichen Schrifften / Viel
mehr mag Lutherus diesen Tittel
ehren füren / vnd der rechte hohe
Theologus genennet werden / Jha
er sol billich Doctor Mellifluus / das
ist / der Honigsüsse Lerer heisse / wie
man S. Bernhardum pflag zu nen-
nen /

nen / Aber dauon / wie dem Heiligen Luthero / alle Ehrentittel der Heiligen Veter mit Warheit können zu geschrieben werden / wöllen wir / ists GOTTES wille / auff ein ander mal inn sonderheit sagen.

Do nu iemand fürwenden wolte / es were alles mitteinander / was noch bisher angezeiget worden / nur Menschen zeugnis / nach welchem der Apostel Sanct Paulus nicht gefragt / auch nicht darauff zu bawen sey / Dem antworten wir / Das Lutherus / wie wir inn andern Predigten zuuor / angezeigt haben / Nicht allein durch vorgehende Weissagungen / Sondern auch durch die Herrlichen Geistlichen Gaben / damit er begnadet gewesen / Vnd denn durch einhellige gleichstimmung der gan-

tzen

then heiligen Schrifft / mit seiner Lehre / Auch letzlich durch erlangten Sieg am Antichrist / vnnd durch vielfältige Wunder / so der HERR bey seiner Lehre gewirckt / kündtlich vnd mercklich grosse / offenbare zeugnis von Gott empfangen hat / welchs kein vernünfftig Mensch wird leugnen können / Das er also sonderlicher Zeugnis der Menschen nicht von nöthen gehabt.

Weil es aber gleichwol Gott also geschicket hat / das auch verstendige vnnd Gottesgelarte Leute von jhm gezeuget / vnd die warheit ausgesagt / Wollen wir dieselbige auch nicht verachten / Denn wir wissens / vnnd das Werck beweisets / das jhr Zeugnis war ist.

Der

Vom fürnempsten Theol: D. M. L.

Der Allmechtige Gott gebe/ das
wir solchs warhafftig zeugnis von
der Lere Lutheri annemen / gleuben
vnd folgen / Vnd vns weder süsses
noch sawres / nimmermehr. dauon
abwenden lassen/ Sondern fest/steiff
vnd bestendig bis an das Ende dabey verharren / Durch Jhesum
Christum seinen lieben Son/
vnsern HERRN/
AMEN.

D.M.Luthero Theolo,
go, *Adamus Siberus.*

NOstri fuit secli Lutherus Helias. (thici
Negat Anomus, villi negant Behemo‹
Squamæᷧ Leuiathanis, ordo Maosius
Molochi, Cainica soboles Chamosij
Dagonis hordearij, vitulicolæ,
Astartici, Gomorrhiani, Hylactoris
Precioᷧ læti, præmioᷧ Casbiæ
Thamnusij negant, poli placentulas
Hereᷧ libantes, negant puluillulos
Qui consuunt, & apta ceruicalia
Staturæ ad omnis capita, coementarij
Rimosa docti delutare, canes negant
Muti, rapaces & lupi, vulpes, apri,
Fures, latrones, & quibus venter Deus,
Negant, repudiato suo qui vindice
Lucem tenebras nominant, malum quod est
Bonum vocant, inusta conscientias
Cohors, negat febri calent cui pectora
Grex quæstionum, aranearum retibus
Instructus, esse nundinas cultum Dei,
Et qui putant, & pascua pedibus obterunt
Proterui, aquas cœnoᷧ turbant limpidas.

       H Negant

Negant, Deum Corona coniuratio
Beelzebulis congregata Sphecijs
Contra, vagæ ftellæ, arbores emortuæ
Siccæ̃ nubes, flatibus̃ obnoxiæ
Humore fontes deftituti, mentium
Chafidæ, & omnino vfpiam Boforicæ
Peftis quod eft, labis, luis̃, fed negent
Negent in æuum, & pernegent in Tartari
Flammis, fuiffe barbarum̃ clamitent
Virum̃ rixarum, furentem, nec polus
Dignum, fecundo cerneret quem lumine
Noftri fuit fecli Lutherus Helias.

NOſtri fuit ſecli Lutherus Helias.(moticæ,
Negat Anomus, Squamæ negant Behe
Molochiꝙ, Epiſcotiꝙ, gens Maoſia:
Nomen quibus dedêre Cardines negant,
Chamoſij, Vitularij, Dagonij,
Iſchariothæ, Cacolyciꝙ, Hylactoris
Precioꝙ læti, præmioꝙ Thaidis:
Thamnuſia negat turba, grexꝙ Aſtharticus,
Apoſtatæꝙ, perfidiꝙ transfugæ,
Et Sequana, Dillaꝙ, & Tridens Neptunia
Beelzebulis conſecrata Spheciis:
Negat ipſe Deus Acheruſius, Proſerpina,
Megæra cum ſororibusꝙ, &ʒCerberus,

Cælo Gigantum irata turba, Ixione
Nati, Ceraſtæ, Gorgones, Stymphalides,
Sphingesᵩ, Cycoplesᵩ, paſti equi viros,
Salmonei, Tityiᵩ, Scyllæ, Belides,
Chimera, Briareus, Hydra, crudus & Charon,
Buſyris, & Scyron, Procruſtes, & Scinis,
Tartefſias paſtor triformis, & Cacus,
Læſtrygones, Lapithæᵩ, Lamiæ, Striges,
Empuſa, Laruæᵩ, lemurum omnia agmina,
Satyriᵩ, Fauni, & Incubiᵩ & Succubi,
Cunctᵱᵩ peſtes, monſtraᵱ omnia, ſed negent
Negent in æuum, & pernegent in Tartari
Flammis, fuiſſe barbarumᵩ clamitent,
Virumᵩ rixarum, furentem, nec polus
Quem cerneret dignum ſecundo lumine?
Noſtri fuit fecli Lutherus Helias.

Adamus Sibere.

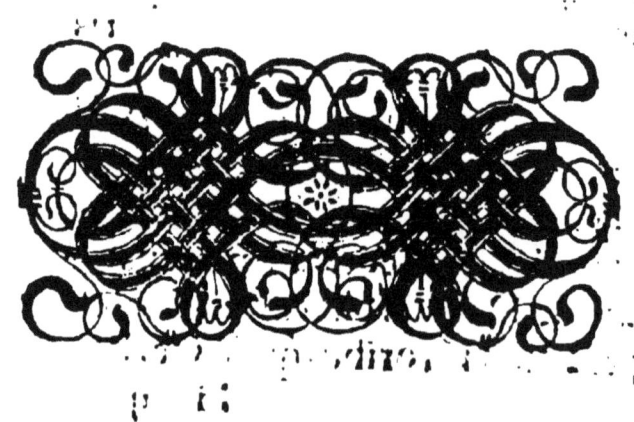

EPIGRAMMA
DE LVTHERO.

Magna per inuictum nobis benefacta Luthe-
A   ttulit,ingenti pro bonitate, Deus   (rum
Restituit lapsi purissima semina verbi
T   ranstulit ad Cœli, nos,atauosq;,domum
In Christum forti confidere pectore, clamans
N   Con sine diuino flamine, iussit otres
Vt tibi cœlos plantaret Christe Lutherus
S   udauit cura,nocte, dieq; gradi.
Ludibrium statuit cunctis spectacula Papæ
V   era quibus Pietas,fugit ab orbe procul.
Taxauit scriptis, incessit & ore,venenum.
H   æreseos,qui non occuluere,Lupos
Ergo relligionis Hic est reparator,& autor
R   ectius,HELIAS alter, & ipse fuit
Vt qui sic,Christi purgauit ouile,docendo
S   ola mortales, astra subire, FIDE.

Benedictus Thaurerus
Islebiensis.